Cornelius Mauch
Christoph Seyfarth

EINKAUF IN DER KRISE

Nach der Krise ist vor der Krise:
Vorbeugung, Abwehr und
Überwindung von Liquiditätskrisen

Impressum

Haftungsausschluss: Alle Angaben wurden sorgfältig recherchiert und zusammengestellt. Für die Richtigkeit und Vollständigkeit des Inhalts sowie für zwischenzeitliche Änderungen übernehmen Redaktion, Autoren, Verlag und Herausgeber keine Gewähr.

© April 2011

Herausgeber:

Alvarez & Marsal (Deutschland) GmbH, Bürkleinstraße 10, 80538 München

F.A.Z.-Institut für Management-, Markt- und Medieninformationen GmbH
Mainzer Landstraße 199, 60326 Frankfurt am Main
(zugleich auch Verlag; Geschäftsführung: Volker Sach und Dr. André Hülsbömer)

Alle Rechte vorbehalten, auch die der fotomechanischen Wiedergabe und der Speicherung in elektronischen Medien.

ISBN: 978-3-89981-717-1

Verantwortliche Redakteurin:	Jacqueline Preußer, F.A.Z.-Institut
Layout & Satz:	Angela Kottke, Christine Lambert, F.A.Z.-Institut
Korrektorat:	Juliane Streicher, F.A.Z.-Institut
Druck & Verarbeitung:	Boschen Offsetdruck GmbH, Alpenroder Straße 14, 65936 Frankfurt am Main www.boschendruck.de

Dieses Buch wurde klimaneutral hergestellt. Der CO_2-Ausstoß wurde durch Klimaschutzprojekte kompensiert.

Gliederung

Vorwort Frank Deiss, Mercedes-Benz Cars and Vans   7

Vorwort Walter Bickel, Alvarez & Marsal (Deutschland) GmbH   8

1 **Einführung**   11
  Unternehmenskrisen, Krisenursachen, Insolvenzen

2 **Finanzplanung**   23
  13-Wochen-Liquiditätsplan, Varianzanalyse, Working Capital

3 **Einkaufsumfänge**   41
  Datenbasis, Kostensenkungsmaßnahmen,
  Nachverhandlungsoptionen

4 **Lager**   61
  Gebundenes Kapital, Meldebestand, Lagerabbau

5 **Lieferanten/Verträge**   75
  Teilzahlungsabrede/Forderungsverzicht, Einkaufsfactoring,
  Warenkreditversicherung

6 **Kunden und Werkzeugfinanzierung**   91
  Materialbeistellung, Vorfinanzierung, Leasing

7 **Einkaufsorganisation und -prozess**   99
  Kapazitätsanpassung, Kernprozesse,
  Verlagerung/Aussetzung von Funktionen

8 **Umsetzungscontrolling und nachhaltige Krisenbewältigung**   115
  Maßnahmen Controlling, Projektorganisation, Compliance

I	Danksagung	127
II	Abbildungsverzeichnis	129
III	Abkürzungsverzeichnis	130
IV	Literatur	132
V	Beispiele	135
VI	Autoren	136
VII	Stichwortverzeichnis	138

Alvarez & Marsal

Mit Gründung vor 25 Jahren zählt A&M zu den Pionieren im Turnaround-Management. A&M gehört zu den international führenden Anbietern von Programmen zur ganzheitlichen Wertsteigerung von Unternehmen, von Sanierungsberatung, Krisen- und Interimsmanagement sowie von Programmen zur Bekämpfung von Wirtschaftskriminalität. Weltweit sind 1.700 Mitarbeiter an 40 Standorten in Nordamerika, Europa, Asien, Mittel- und Nahost tätig. Hauptsitz ist New York. Der Sitz der Alvarez & Marsal Deutschland GmbH befindet sich seit Herbst 2006 in München. Zu den größten Aufträgen weltweit zählen die Gesamtbetreuung und Restrukturierung der Investmentbank Lehman Brothers, der Sparkassengruppe Washington Mutual und der Kaupthing Bank Island. A&M berät die Regierung der Republik Irland bei deren Finanzmarktreform. In Deutschland wurde A&M mit dem ersten Planinsolvenzverfahren für die Drogeriemarktkette „Ihr Platz" bekannt. Derzeit werden interimistisch Beratungsmandate bei der Q-Cells SE, dem international führenden Hersteller von Solarzellen, und bei der Kuka AG, einem weltweit führenden Anbieter von Industrierobotern und von Anlagen- und Systemtechnik, sowie beim Kabelnetzbetreiber Telecolumbus ausgeübt. Im Oktober und November 2010 gewann A&M zwei prestigeträchtige internationale Auszeichnungen: den „Turnaround Award of the Year" der Turnaround and Management Association (TMA) für exzellente Beratungs- und Managementleistung für die Rossignol Gruppe sowie den „British Private Equity Award of the Year" für herausragende Leistungen in der Kategorie Due Diligence.

Liebe Leserinnen und Leser,

in den vergangenen Jahren hat die Einkaufsarbeit erheblich an Aufmerksamkeit gewonnen, wenngleich vor allem in kleinen und mittelständischen Unternehmen noch nicht das gesamte Leistungsspektrum ausgeschöpft wird. In dem vorliegenden Buch geben die Autoren einen guten Überblick über die verschiedenen Einkaufsinstrumente sowie über kurz- bis mittel- und langfristige Maßnahmen zur Steigerung der Wettbewerbsfähigkeit des Unternehmens und zur Sicherung der Liquidität. Insbesondere mit Blick auf die Einkaufsarbeit in der Krise haben die Autoren wesentliche erfolgskritische Aspekte und wichtige Stellhebel zum Krisenmanagement zusammengefasst.

Das Lesen dieses Buches hat mir nicht zuletzt aufgrund der zahlreichen Beispiele und der kurzweiligen Schreibweise viel Freude gemacht. Diese Lektüre ist für jeden interessierten Leser eine gute Informationsquelle und liefert wichtige Anregungen, wie mit Hilfe des Einkaufs die Wettbewerbsposition des eigenen Unternehmens deutlich verbessert werden kann.

Frank Deiss
Vice President
Procurement Mercedes-Benz Cars and Vans

Vorwort

Viele Unternehmen kämpfen – nicht erst seit der Finanzkrise – ums Überleben. Alvarez & Marsal als internationaler Pionier im Bereich Sanierungsberatung, Krisen- und Interimsmanagement war an vielen Sanierungen beteiligt, hat sein spezifisches Wissen eingebracht und Lösungen für seine Kunden realisiert.

Unser Verständnis von Restrukturierung/Sanierung ist es, nicht nur finanzwirtschaftlich zu sanieren, sondern auch operative Verbesserungen durchzuführen, um die nachhaltige Überlebensfähigkeit des Unternehmens zu sichern. Diese operativen Maßnahmen führen wir in konkreter Managementverantwortung mit erfahrenen Senior Professionals durch, z.B. als CRO (Chief Restructuring Officer). Nach Beseitigung der akuten Krise erfolgt oft die strategische Neuausrichtung und geordnete Übergabe an das Managementteam.

Funktionale Schwerpunkte vieler Sanierungen sind die Stabilisierung des Umsatzes sowie die Kontrolle der Finanzen. Der Einkauf erfährt oft zu wenig Beachtung. Entscheidungen des Einkaufs haben jedoch direkten Einfluss auf die Liquidität des Unternehmens und damit auf die zentrale Stellgröße in Sanierungssituationen.

Einkaufsabteilungen sind in den vergangenen Jahren stark auf Kostensenkung ausgerichtet worden, haben jedoch nach unseren Erkenntnissen und neuesten Umfrageergebnissen zu wenig Training und Unterstützung im Umgang mit Liquiditätsmanagement. In jeder Krise herrscht die Regel „Liquidität vor Rentabilität".

Topunternehmen haben ihren Einkaufsbereich aktiv in die Liquiditätssteuerung eingebunden und sind in der Lage, vorhandene Spielräume weit stärker als bisher ausnutzen zu können.

Es ist viel geschrieben worden über das Thema Einkauf oder über die Sanierung von Unternehmen. Neuartig am vorliegenden Buch ist die Kombination von Einkauf und Liquiditätskrise. Im Fokus stehen schnell wirksame Maßnahmen des Einkaufs zur Abwendung der Illiquidität.

Das vorliegende Buch gibt einen umfassenden Überblick über die Mechanismen und Stellhebel, die im Krisenmanagement aktiviert werden müssen. Die Ausführungen beschreiben anschaulich, welche Handlungsparameter zur Verfügung stehen, welche Kennzahlen für die Messung des Sanierungserfolges (einkaufsseitig) von Bedeutung sind und welche die größten Risiken und Fehler sind, die in einem Sanierungsprozess vorkommen.

Konsequentes Liquiditätsmanagement, die Einbindung von Kunden, das Aushandeln von vertraglichen Spielräumen, ein Lagermanagement, die Effizienzsteigerung der vorhandenen Einkaufsorganisation sowie die Nutzung von innovativen Finanzierungsformen können dazu beitragen, dass Liquiditätskrisen abgewendet oder überwunden werden können.

Ziel ist es, aufzuzeigen, wie Unternehmen durch aktive Mitwirkung der Einkaufsabteilung kluge und vorausschauende Entscheidungen treffen und durch das Informationsmanagement des Einkaufs durch eine Krise gesteuert werden können.

An der Strukturierung erkennen Sie, dass dieses Buch für Praktiker geschrieben wurde. Insbesondere wird dies von Nutzen sein für Einkaufsleiter und Geschäftsführer in der produzierenden Industrie; mit Einschränkungen sind viele Hinweise auch für andere Branchen wertvoll.

Wir freuen uns, dass wir mit dem vorliegenden Buch fachliche Hinweise für das Krisenmanagement und die Krisenprävention in Unternehmen vermitteln können.

Walter Bickel, Managing Director
Alvarez & Marsal (Deutschland) GmbH

1 Einführung[1)]

Die Dreh & Fräs GmbH[2)] beliefert mehrere europäische Automobilzulieferer und hatte – wie viele Unternehmen in ihrer Branche – in den vergangenen Jahren immense Nachfrageschwankungen verkraften müssen. Im Krisenjahr 2009, bei Umsatzverlusten von bis zu 70 Prozent, wurde zur Vermeidung von großangelegten Personalentlassungen beschlossen, den ohnehin veralteten Maschinenpark instand zu halten oder zu modernisieren. Die finanzielle Lage der Firma war angespannt.

Die zunehmende Verknappung und Verteuerung von wesentlichen Rohstoffen belastete seit Monaten das geplante Ergebnis und die Liquidität der Dreh & Fräs GmbH. Auf seiner täglichen Fahrt zur Arbeit erreichte den Geschäftsführer die schon lange befürchtete Hiobsbotschaft seines Finanzchefs. Eine Fertigungslinie lieferte bedingt durch technische Probleme nur noch 50 Prozent Output. Die Bank genehmigte keinen weiteren Kredit für eine dringend benötigte Ersatzbeschaffung. In den nächsten Wochen würde dringend benötigte Liquidität ausfallen. Gleichzeitig hatte der Kunde der Dreh & Fräs GmbH, ein großer europäischer Automobilzulieferer, im Rahmen seiner vertraglichen Möglichkeiten die Absatzplanung um 45 Prozent (!) nach oben angepasst.

Dem Geschäftsführer war sofort klar: Die finanziellen Mittel seines Unternehmens werden knapp. Die Bankkredite waren bereits seit Wochen bis zur maximalen Kreditlinie ausgeschöpft, die Gesellschafter konnten und wollten kein Kapital nachschießen und verlangten einen Restrukturierungsplan. In der sofort angesetzten Krisenkonferenz lautete die erste Frage: Welchen Beitrag können die einzelnen Teildisziplinen leisten, um zusätzliche Liquidität zu schöpfen?

---

1) Unter Mitwirkung von RA Christian Kühn, Rechtsanwälte Dr. Kroll & Partner.
2) Ähnlichkeiten mit existierenden Firmen wären rein zufällig und sind nicht beabsichtigt.

Unternehmenskrisen brechen selten schlagartig aus. Sie sind oft der Kulminationspunkt eines schleichenden Prozesses, der sich über mehrere Phasen aufbaut. Dabei lassen sich Symptome identifizieren, anhand derer die Krisenart diagnostizierbar ist (ausführlich siehe Hess sowie Buth & Hermanns). Üblicherweise wird unterschieden zwischen strategischer, Ertrags- und Liquiditätskrise.

Unternehmen in strategischen Krisen sind nicht selten mit sinkenden Margen und stark schwankendem Käuferverhalten oder mit technologischen Umbrüchen konfrontiert. Diese Veränderungen beginnen häufig schleichend und erlauben es dem Unternehmen oftmals dennoch, über Jahre hinweg das Geschäft wie bisher fortzusetzen. Überzogene Gemeinkostenstrukturen, umständliche Entscheidungsprozesse und mangelhafte Kundenorientierung sind sehr häufig „hausgemachte" Ursachen des Verfalls. Der strategischen Krise folgt die Ertragskrise: Kosten und Erlöse erlauben es nicht mehr, angemessene Profite zu erwirtschaften, die für die Refinanzierung und für Innovationen wichtig sind. Wenn in einer solchen Situation nicht konsequent gehandelt wird, enden Profitabilitätskrisen sehr häufig in Liquiditätskrisen, dem letzten Stadium des Verfalls eines Unternehmens. Typische Anzeichen einer Liquiditätskrise sind u.a. Zahlungsschwierigkeiten, Überziehung von Kreditlinien, negativer oder unzureichender Cashflow. Im Einkauf macht sich eine solche Zuspitzung der Lage durch eine zunehmende Überschreitung eingeräumter Zahlungsziele, die zögerliche Lieferung von Lieferanten, zunehmende Mahnungen oder Vorkasseforderungen bemerkbar.

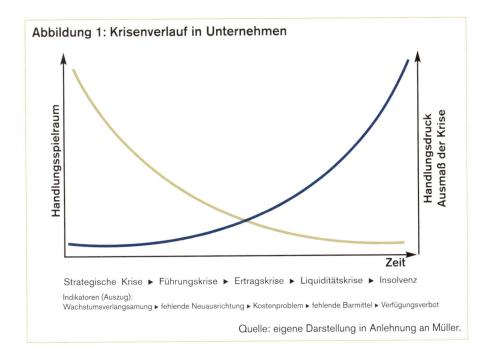

Quelle: eigene Darstellung in Anlehnung an Müller.

Parallel zu den Krisenarten wird der Krisenverlauf betrachtet (vgl. auch Müller). Hier wird die Schwere der Krise betrachtet: von der nicht existenzbedrohenden Krise über die existenzbedrohende Krise zur existenzvernichtenden Krise (Insolvenz).

Unternehmen in der Krise fragen sich: „Was habe ich nur falsch gemacht?" Oder: „Warum gerade ich?" Ein Bündel an Ursachen führt oft in Kombination zu einer Veränderung. Wird auf diese Veränderung zu schwach, zu spät oder mit den falschen Maßnahmen reagiert, kommt es zu einer Verschärfung.

Während oft der scharfe Wettbewerb als Krisenursache genannt wird, sind nach einer Untersuchung von Euler Hermes (vgl. Euler Hermes) die häufigsten Krisenursachen:

Interne Faktoren	Externe Faktoren
1. fehlendes Controlling	1. schlechte Zahlungsmoral der Kunden
2. Finanzierungslücken	2. bürokratische Anwendung des Arbeits- und Sozialrechts
3. unzureichendes Debitorenmanagement	3. notwendige personelle Umstrukturierungen werden von den Arbeitsgerichten verhindert
4. autoritäre, rigide Führung	4. negativer Einfluss von Basel II auf die Finanzierungsmöglichkeiten
5. ungenügende Transparenz und Kommunikation	5. Kunden, die erst anfangen, international zu arbeiten, unterschätzen die teilweise sehr viel ausgedehnteren Zahlungsziele im Ausland
6. Investitionsfehler	6. bei der Abwicklung von Projekten im Ausland kommt es zu unerwarteten Problemen
7. falsche Produktionsplanung	7. in Deutschland fehlt ein Kapitalmarkt für GmbHs, über den Wachstumsideen finanziert werden können
8. Dominanz persönlicher über sachliche Motivation	8. Gefahr durch Folgeinsolvenzen
9. ungenügende Marktanpassung	
10. Egozentrik, fehlende Außenorientierung	
11. Mangel an strategischer Reflexion	
12. Personalprobleme	
13. unkontrollierte Investition und Expansion	
14. zu viel Wechsel (überhastete Expansion, Geschäftsführung)	

Bezogen auf den Einkauf erleben wir immer wieder folgende krisenverschärfende Situationen:

- durch hohen Personalaufwand und durch hohe Lagerbestände werden veraltete Prozesse und Lieferantenstrategien teuer erkauft;
- Abhängigkeit von wenigen Lieferanten mit hoher Angebotsmacht;
- personell zu üppig dimensionierte Einkaufsabteilung;
- Kosten der Beschaffung sind hoch, insbesondere wenn C-Artikel-Bestellprozess nicht automatisiert ist;

- Einkauf verbringt die Hauptzeit mit dem Beschaffen, bestellt wird oft ohne Einbindung des Einkaufs durch andere Abteilungen (Maverick Buying);
- Einkaufsstrategie unklar – Engpasslieferanten werden zur Bedrohung;
- hohe Lagerbestände, kaum synchronisierte Lieferketten;
- „Überraschungen" durch Lieferungen mit hohem Bestellwert – Bestellobligo wird nicht überwacht.

Ist ein Unternehmen in einem späteren Krisenstadium, dann ist rasches und entschlossenes Handeln zur Rettung des Unternehmens oberste Pflicht. Hauptaugenmerk gilt dabei zunächst der Liquidität.

Juristische Personen, z.B. GmbHs, GmbH & Co. KGs und AGs, sind nach § 15a der Insolvenzordnung verpflichtet, bei Überschuldung, drohender Zahlungsunfähigkeit oder Zahlungsunfähigkeit ohne schuldhaftes Zögern innerhalb von drei Wochen einen Insolvenzantrag zu stellen. Aufgrund der drohenden Strafbarkeit und möglicher Schadensersatzansprüche sollte die nicht verlängerbare Dreiwochenfrist strikt berücksichtigt werden. Die Frist kann jedoch nur dann ausgeschöpft werden, wenn Sanierungsmaßnahmen ergriffen werden.

Eine Überschuldung liegt vor, wenn das Vermögen der Gesellschaft nicht mehr die bestehenden Verbindlichkeiten deckt; es sei denn, die Fortführung des Unternehmens ist nach den Umständen überwiegend wahrscheinlich. Für das Vorliegen einer rechtlichen Überschuldung muss neben der rechnerischen Überschuldung in einer zweiten Stufe auch die Fortführungsprognose beachtet werden. Sollte die Finanzkraft des Unternehmens nach überwiegender Wahrscheinlichkeit für die Fortführung des Unternehmens ausreichen, beseitigt eine positive Fortführungsprognose die rechtliche Überschuldung. Diese Definition des Überschuldungsbegriffs gilt seit der Finanzmarktkrise und ist bis Ende 2013 befristet.

In der Praxis ist die Überschuldung des Unternehmens in der Regel nicht der ausschlaggebende Grund für einen Insolvenzantrag, sondern vielmehr die Zahlungsunfähigkeit des Unternehmens. Diese liegt gem. § 17 Abs. 2 InsO vor, wenn das Unternehmen nicht in der Lage ist, die fälligen Zahlungspflichten zu erfüllen. Hierbei muss zwischen Zahlungsstockung und Zahlungsunfähigkeit unterschieden werden.

Nach der Rechtsprechung des BGH soll Zahlungsunfähigkeit bereits dann vorliegen, wenn das Unternehmen nicht der Lage ist, 90 Prozent der fälligen Verbindlichkeiten innerhalb von drei Wochen zu bezahlen. Der Begriff der Fälligkeit wird im Insolvenzrecht jedoch anders als im Zivilrecht definiert. Um Fälligkeit im Sinne des § 17 Abs. 2 InsO bejahen zu können, muss der Gläubiger nicht nur Zahlungen verlangen können, sondern die Forderung auch tatsächlich „ernsthaft eingefordert" haben. Wichtige Indizien sind in der Praxis die offenen Kreditoren und die Ausschöpfung der offenen Kreditlinien bzw. deren erfolgte Ankündigung.

Von der Zahlungsunfähigkeit muss die drohende Zahlungsunfähigkeit unterschieden werden. Ein Unternehmen ist dann drohend zahlungsunfähig, wenn es voraussichtlich nicht mehr in der Lage sein wird, die bestehenden Verbindlichkeiten zu bezahlen. Im Unterschied zur Zahlungsunfähigkeit ist das Unternehmen nicht verpflichtet, einen Insolvenzantrag zu stellen, dieser kann aber freiwillig gestellt werden, um den Schutz des Insolvenzrechts in Anspruch zu nehmen. Im Jahr 2009 entfiel nur ein Prozent der Eröffnungsgründe auf die drohende Zahlungsunfähigkeit – Hauptgründe waren Zahlungsunfähigkeit (79 Prozent), Zahlungsunfähigkeit und Überschuldung (17 Prozent) sowie Überschuldung (3 Prozent; vgl. Destatis).

Materialkosten gehören neben den Personalkosten bei einer Vielzahl von Maßnahmen zu den wichtigsten Kostenblöcken und haben auf die Liquidität eines Unternehmens entscheidenden Einfluss. Sie bewegen sich je nach Branche zwischen 30 und 70 Prozent der Herstellkosten. Der Einkauf allein wird ein in Schieflage geratenes Unternehmen nicht wieder aufrichten. Er kann jedoch einen wesentlichen Beitrag dazu leisten, die Krise zu überwinden. Hat das Unternehmen eine Perspektive für eine profitable Fortführung, gilt es, eine Insolvenz zu vermeiden.

Um eine handhabbare und hoffentlich leicht lesbare Anregung zur Bewältigung von Liquiditätskrisen aus Sicht des Einkaufs zu liefern, liegt der Fokus dieses Buches auf dem Serieneinkauf im produzierenden Gewerbe. Viele der vorgestellten Mechanismen werden auch auf andere Branchen und Formen des Einkaufs übertragbar sein oder dazu anleiten, das Bestehende in Frage zu stellen.

Das vorliegende Buch richtet sich an Einkaufsleiter, Geschäftsführer, aber auch an aktive Gesellschafter und Kapitalgeber von großen und mittelgroßen Unternehmen. Es gibt einen umfassenden Überblick über die Mechanismen und Stellhebel, die im Einkauf im Rahmen des Krisenmanagements und der Krisenprävention aktiviert werden können. Ziel ist es, aufzuzeigen, wie das Unternehmen durch vorausschauende Entscheidungen und Informationspolitik des Einkaufs durch eine Krise gesteuert werden kann.

Ein konsequentes Liquiditätsmanagement, die Einbindung aller Interessensvertreter, die Nutzung von vertraglichen Spielräumen, ein liquiditätsorientiertes Lagermanagement und die Effizienzsteigerung der vorhandenen Einkaufsorganisation können dazu beitragen, dass Liquiditätskrisen abgewehrt und überwunden werden. Hierbei ist der Einkauf integraler Bestandteil eines überzeugenden Sanierungskonzeptes. Die Anforderungen sind hoch. Um Haftungsrisiken auch auf Seiten der Banken zu reduzieren, ist ein Sanierungskonzept gemäß dem IDW Standard ES6 (vgl. Institut der Wirtschaftsprüfer) anzufertigen. Hierin wird die Sanierungsfähigkeit und Sanierungswürdigkeit ausführlich untersucht. Bestandteile eines solchen Konzeptes sind:

- Analyse der Unternehmenslage (Umfeld, Branche, intern);
- Feststellung des Krisenstadiums (Stakeholderkrise, Strategiekrise, Produkt- und Absatzkrise, Erfolgskrise, Liquiditätskrise, Insolvenzreife);
- Analyse der Krisenursachen;
- Aussage zur Unternehmensfortführung (Zahlungsunfähigkeit, Überschuldung, Bewertungsgrundsätze nach HGB §252 Abs.1 Nr.2);
- Ausrichtung am Leitbild des sanierten Unternehmens;
- Maßnahmen zur Bewältigung der Krise (nach jeweiligem Krisenstadium);
- integrierte Planung (Problem- und Verlustbereiche, Maßnahmeneffekte, GuV/Liquiditäts-/Bilanzplanung, Kennzahlen).

Von einer Insolvenz war die Dreh & Fräs GmbH in unserem Beispiel zwar noch ein weites Stück entfernt, aber die Lage war ernst. Auch bei ihr bildeten die Materialkosten den größten Kostenblock: 54 Prozent der Gesamtkosten aller an den Automobilzulieferer gelieferten Teile bestanden aus Vormaterialien, die die Dreh & Fräs GmbH extern einkaufte. Tendenz: steigend. In den von der

Geschäftsführung eingerichteten Krisenstab wurde daher auch der Leiter des Einkaufs berufen. Zu den wesentlichen Beschaffungsumfängen zählen Metallteile, Aluminiumteile, Bleche und Federn. Der Einkauf, so sagt der Geschäftsführer gleich in der ersten Sitzung des Krisenstabes, müsse massiv mithelfen, die eingetretene Liquiditätskrise zu überwinden.

Der Einkauf muss in Krisensituationen unterschiedliche Interessenssphären berücksichtigen. Am vorgenannten Beispiel wird das illustrativ deutlich:

- Die Geschäftsführung:
  Ihr Fokus ist gerichtet auf
    - Fortführung der Firma,
    - Vermeidung von Haftungsansprüchen,
    - Vermeidung von Strafbarkeit wegen Insolvenzverschleppung,
    - Reputationserhalt der Firma bei Lieferanten, Banken und Kunden.

- Die Lieferanten:
  In ihrem Aktionsfeld haben folgende Themen vorrangige Bedeutung:
    - Sicherung von Vermögenswerten (gelieferte Ware),
    - Aufrechterhaltung der Lieferbeziehung,
    - Reduzierung der Außenstände,
    - Vermeidung von Preissenkungen,
    - Beibehaltung vereinbarter Zahlungsziele.

- Die Warenkreditversicherer der Lieferanten:
  Sie konzentrieren sich auf
    - Sicherung von Vermögenswerten,
    - Fortbestand der Geschäftsbeziehung.

- Die Endkunden:
  Ihnen geht es vor allem um Folgendes:
    - Aufrechterhaltung der Lieferfähigkeit, um einen Crash der eigenen Produktion zu verhindern,
    - Sicherung von wichtigen Technologien der Unterlieferanten,
    - Aufrechterhaltung des Lieferantenwettbewerbs.

Mindestens zwei Dinge werden in einer Krise zur Mangelware: Liquidität und Vertrauen. Spricht sich die Situation von der Schieflage eines Unternehmens unter den Lieferanten eines Unternehmens herum, kommt möglicherweise zur Wahrheit auch noch Dichtung. So kann eine solche Situation schnell in eine „Self-fulfilling Prophecy" umschlagen. Befürchten Lieferanten die Insolvenz eines ihrer Kunden, stoppen sie die Belieferung oder verlangen gar gelieferte Ware mit Verweis auf den Eigentumsvorbehalt zurück. Somit kann das betroffene Unternehmen nicht mehr produzieren, demzufolge nichts mehr verkaufen und muss schließlich Insolvenz anmelden.

Oftmals ist den Einkaufsabteilungen nicht klar, was von ihnen in einer Liquiditätskrise gefordert wird und welche Kompetenzen erforderlich sind.

Liquiditätsplanung wird traditionell immer noch als das Problem der Finanzabteilung gesehen. Das vorliegende Buch beschreibt die Planung und Umsetzung von Maßnahmen des Einkaufs, die zur Abwehr und Überwindung einer Krise durchgeführt werden können. Diese sind:

- detaillierte Liquiditätsplanung,
- Abbau von Lagerbeständen,
- Verkauf/Rückgabe von Ware, die nicht/nicht mehr benötigt wird,
- Verlängerung der Zahlungsziele,
- Verminderung und Verzögerung von Liquiditätsabfluss,
- Reduktion der Planlieferzeit,
- Erhöhung der Anlieferfrequenz von Beschaffungsgütern,
- Reduktion von Mindestlosgrößen,
- Verkauf von nicht betriebsnotwendigem Vermögen,
- Miete/Leasing von neuen Betriebsmitteln/Investitionen.

Topindikatoren für eine Liquiditätskrise sind:

- Cash-Burn-Rate: Reichweite der aktuellen Kassenbestände in Wochen/Tagen bis zur Erreichung einer Unterdeckung im Liquiditätsplan;
- erhöhtes Einfordern von Forderungen, verschärfter Gesprächston in Verhandlungen, Rückfragen durch Banken und Lieferanten;

- Entwicklung der Anzahl an Mahnungen (1., 2. und letzte) pro Woche und Anteil der „geschobenen" überfälligen Verbindlichkeiten in Prozent der gesamten Verbindlichkeiten.

In jedes Kapitel wird mit einem fiktiven Beispiel aus unserer Sanierungsarbeit eingeführt. Die wesentlichen Instrumente, die aus Sicht des Einkaufs zur Abwendung der Krise angewendet werden können, werden ausführlich vorgestellt. Zusätzlich werden Kennzahlen und Indikatoren für die Messung und Beschreibung des jeweiligen Problems erläutert. Die Kapitel schließen mit einer Darstellung der zehn größten Risiken, in die der Einkauf im Krisenmanagement geraten kann.

Die zehn größten Risiken durch ungenügende Einbindung des Einkaufs in Krisensituationen sind:

1. zu frühe oder zu späte Information der Lieferanten über die tatsächliche Unternehmenssituation
2. avisieren von Zahlungen gegenüber Lieferanten, die aufgrund der aktuellen Liquiditätslage realistisch nicht einzuhalten sind
3. Mitarbeiter des Einkaufs achten zu sehr auf die Kosten und zu wenig auf die Liquidität von Entscheidungen
4. bestehende Verträge werden nicht in Frage gestellt aus Bedenken bzgl. Lieferstopp des Lieferanten
5. unzureichende Priorisierung von liquiditätswirksamen Maßnahmen im Sanierungsprozess
6. falsche oder zu zögerliche Information der „Stakeholder" des Einkaufs
7. fehlende Einbindung der Kreditversicherer in die Kommunikation des Einkaufs mit den Lieferanten
8. Gefahr der Steuerung der eigenen Fertigung durch externe Lieferanten mit zu geringem Warenkreditversicherungslimit
9. Verlust wertvollen Vertrauens der Lieferanten
10. Unklarheit über das Ausmaß der Krise bei der Geschäftsleitung

Zusammenfassung

Viele Einkaufsleiter kennen sich hervorragend mit Kostensenkungen aus; Liquiditätsmanagement steht selten in ihrem Fokus. Sehr häufig wird dies als das Problem der Finanzabteilung und der Geschäftsleitung angesehen. Bei dem Thema Liquidität sind die hinzukommenden Herausforderungen sehr oft neuartig: Der Einkauf muss sich aktiv in eine wesentlich intensivere und genauere Finanzplanung einbringen. Zahlungsziele müssen zum Teil zu Lasten der Rentabilität verlängert werden, juristisch komplexe Zahlungsaufschübe müssen mit Lieferanten und deren Warenkreditversicherern verhandelt werden. Gleichzeitig ist eine geschickte Kommunikationspolitik mit allen externen und internen Partnern unerlässlich. Dies überfordert die Einkaufsabteilungen nach unserer Erfahrung nicht selten. Der Einkauf muss von der Geschäftsleitung und der Finanzabteilung in die Krisenbewältigung mit eingebunden werden. Das vorliegende Buch beschreibt die wesentlichen Handlungsmöglichkeiten und Herausforderungen, nennt die benötigten Kennzahlen zur Messung der Krisenparameter und die Fallstricke, die in solchen Krisensituationen leicht übersehen werden.

2 Finanzplanung

Die Wunderweich Chemie GmbH[1] liefert Rohstoffe an die Kosmetikindustrie. Zum Produktionsprogramm gehören Tenside, Riechstoffe, Textilhilfsmittel und Füllstoffe. Das Geschäft läuft seit Jahren nicht überragend, doch die Eigentümer, die das Geschäft selbst leiten, sind zufrieden. Auf Anraten der Hausbank hatte die Wunderweich Chemie GmbH vorgesorgt: Ein Liquiditätsplan war bereits vor zwei Jahren installiert worden und wird alle zwei Wochen aktualisiert. Aufgrund der positiven Cashflow-Verläufe wurden die Lagerbestände in den vergangenen Monaten wieder etwas üppiger dimensioniert. „Plötzlich" erhält Wunderweich eine vor langer Zeit bestellte Lieferung. Der Lieferant hochwertiger Spezialchemie hatte in der Vergangenheit mehrfach den Liefertermin verschoben. Nun ist die Ware im Haus, und eine sehr hohe Rechnung mit kurzem Zahlungsziel stellt die Finanzabteilung vor eine erneute Herausforderung. Jetzt droht die Bank mit der Aufkündigung wichtiger Kreditlinien.

Ein Defizit von Firmen mit Liquiditätsproblemen ist sehr oft die mangelhafte Liquiditätsplanung. Sie wird häufig als isoliertes Problem der Finanzabteilung angesehen. Mit dieser ganzheitlichen Aufgabe ist die Finanzabteilung jedoch zwangsläufig überfordert, wenn sie nicht zeitnah und umfassend in alle liquiditätswirksamen Geschäftsvorgänge eingebunden wird.

Unsere Erfahrung ist immer wieder, dass nicht alle Fachdisziplinen in die Finanzplanung eingebunden sind. Den Einkauf sehen wir hier mit besonderem Augenmerk, da die Materialkosten bis zu 70 Prozent der Gesamtausgaben ausmachen können. Dieser Umstand ist den Geschäftsleitungen von Unternehmen erstaunlicherweise oft nicht bewusst. Das Gestaltungspotential ist im Einkauf im Gegensatz zum Personalaufwand und den Strukturkosten auch kurzfristig relativ hoch, weil Liefer- und Zahlungstermine vom Einkäufer – innerhalb von Grenzen – vorgezogen oder geschoben werden können. Der Einkäufer bestimmt durch die Auswahl des Lieferanten und durch den

---

[1] Ähnlichkeiten mit existierenden Firmen wären rein zufällig und sind nicht beabsichtigt.

Zeitpunkt des Liefertermins (in Abstimmung mit Fertigung/Vertrieb) den zukünftigen Bestand an Verbindlichkeiten sowie deren zeitliche Abfolge.

Oft wird dieses Potential aufgrund ungenügender Kreativität oder zu geringer Einbindung in die Finanzplanung mangelhaft ausgeschöpft. Drängen Sie darauf, dass der Einkauf hier – nicht nur in der Liquiditätskrise – eine Treiberrolle einnimmt, und erwarten sie nicht, dass die Finanzabteilung alles vorschreibt. Der Einkauf muss es als seine Aufgabe verstehen, die Liquiditätsplanung für die Geschäftsleitung und die Finanzabteilung aktiv zu unterstützen. Ziel muss es dabei sein, die Liquiditätsengpässe rechtzeitig zu erkennen und die entsprechenden Gegenmaßnahmen einzuleiten. Je früher ein drohender Engpass erkannt wird, desto größer ist Ihr Handlungsspielraum.

Aus diesem Grund legen wir die Liquiditätsplanung im Allgemeinen auf eine Reichweite von ca. 13 Wochen aus. Dieser Zeitraum von etwa einem Quartal ist hinreichend nah, um entsprechend aussagekräftiges Datenmaterial verfügbar zu haben, und ermöglicht gleichzeitig die Erfassung von periodischen Zahlungen (z.B. quartalsweise Zahlungen).

Die nebenstehende Grafik zeigt schematisch den Aufbau und Ablauf eines Liquiditätsplans. Von den Datenquellen ausgehend, konsolidieren wir die einzelnen Forecasts und verwenden diese für die Finanzplanung. Daran schliesst sich der Soll-/Ist-Abgleich an.

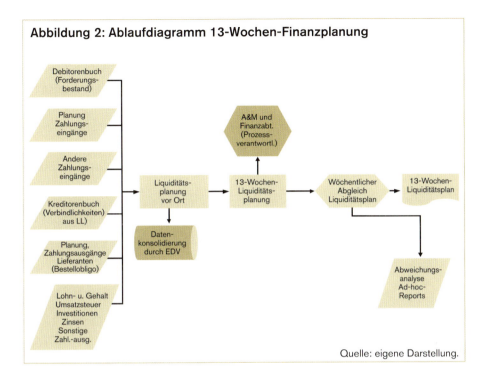

Abbildung 2: Ablaufdiagramm 13-Wochen-Finanzplanung

Ergebnisse der Abweichungsanalyse fließen in die Erstellung des neuen Cashflow-Forecast der Folgewoche ein.

Benutzen Sie dabei folgende Checkliste für die gruppenweite Steuerung der Liquidität, die sich in unserer Praxis als sehr hilfreich erwiesen hat:

- Erstellung des Liquiditätsplans
  - Einrichtung einer DV-Infrastruktur mit klar definierten Schnittstellen,
  - Einteilung von Personalressourcen für die Liquiditätsplanung,
  - Aufstellung des detaillierten Zeitplans für das Liquiditätsplanungsteam.

- Erstellung eines Maßnahmenterminplans; Suche und Definition von Maßnahmen, geordnet nach folgenden Kategorien:
  - Reduktion von Zahlungen,
  - Verzögerung von Zahlungen,
  - Verhinderung von Zahlungen,
  - Einplanung von Verhandlungsterminen mit den Lieferanten.

- Aktualisierung des Liquiditätsplans
  - Strukturierung und Kategorisierung der Lieferanten,
  - Feinplanung Maßnahmenplan,
  - Analyse von Soll-/Ist-Abweichungen.

- Beschaffung von wesentlichen Daten
  - Zahlungsziel pro Lieferant,
  - Zahlungsziel Durchschnitt.

Während die Finanzabteilung den kompletten Liquiditätsplan erstellt, liegt die Freigabe von Zahlungen an Lieferanten beim Einkauf. Dieser kennt seine Lieferanten und kann im Zweifelsfall am besten einschätzen, bei welchen Lieferanten die Zahlungstermine voraussichtlich verändert werden können. Dies kann jedoch nur im Einvernehmen mit dem Lieferanten (schriftliche Einwilligung) geschehen.

Die Häufigkeit der Aktualisierung sollte sich nach der verfügbaren Liquidität richten. Von einer normalerweise wöchentlichen Aktualisierung reicht das Spektrum bis zur täglichen Anpassung in der Extremphase einer Krise.

Neben den Liquiditätsempfängern des Unternehmens – Finanzverwaltung, Sozialversicherung, Mitarbeiter, Kreditgeber – stellen die Lieferanten den wesentlichen Teil des zu planenden Liquiditätsabflusses dar. Je nach Branche und Unternehmenstyp sind die Struktur und Fristigkeit der Zahlungsausgänge sehr unterschiedlich. Das folgende Beispiel zeigt das typische Vorgehen:

Im ersten Schritt sortieren wir im Rahmen der Finanzplanung die bestehenden Verbindlichkeiten nach dem Zeitpunkt der Fälligkeit. Pro Kalenderwoche werden die jeweiligen Lieferanten aufgeführt. Sowohl Ware als auch Rechnungen befinden sich in diesen Fällen schon im Haus und sind verbucht. Es handelt sich um sichere Verbindlichkeiten, demzufolge um Zahlungsverpflichtungen. In der Zeile „Summe Verbindlichkeiten" zeigen wir den zu erwartenden Liquiditätsabfluss nach Kalenderwoche übersichtlich an. So eine Übersicht ist für die Finanzabteilung nötig, jedoch kennt nur der Einkauf die Details der Zahlungsfälligkeit je nach Lieferant und kann die Liefersituation und die Qualität der gelieferten Ware einschätzen. Zum Beispiel ist eine Rechnung noch nicht fällig, weil die Qualitätssicherung die Ware/Dienstleistung noch nicht freigegeben hat, oder eine Rechnung soll mit einer verhandelten Gutschrift verrechnet werden. Dabei ergibt sich folgender Zusammenhang:

	KW1	KW2	KW3	KW4	KW5	KW6	Total
Lieferant 1	−25	−50	−50	−50	0	0	−175
Lieferant 2	−50	−100	−50	0	−50	0	−250
Lieferant 3	−25	−100	−50	−50	0	0	−225
Summe Verbindlichkeiten	−100	−250	−150	**−100**	−50	0	−650
Zukünftige Materialauszahlung	0	0	−50	−100	−200	−250	−600
Total Liquiditätsabfluss	−100	−250	−200	−200	−250	−250	−1.250

In einem zweiten Schritt listen wir zusätzlich die Einkaufsumfänge auf, bei denen eine Bestellung ausgelöst wurde und eine Lieferung zu erwarten ist, die dann nach Rechnungseingang zu einer Verbindlichkeit wird. Sogenannte offene Bestellungen sind zukünftige Verbindlichkeiten auf Basis von bereits geschlossenen Verträgen. Der Zeitpunkt zwischen Bestellung und Lieferung ist wichtig und wird hier dargestellt in der Zeile „zukünftige Materialauszahlung". Der Schnittpunkt des Übergangs (fett markiert) zwischen den Verbindlichkeiten und zukünftigen Materialauszahlungen wird von uns als besonders kritisch erachtet. Insbesondere auch bei der wöchentlichen Aktualisierung müssen Doppelzählungen vermieden werden.

Wie bei den Verbindlichkeiten wird auch das Bestellobligo zuerst nach Fälligkeiten geordnet (Liefertermin + Zahlungsziel), dann nach Kategorien: Serienlieferanten, Nicht-Produktionsmaterial (z.B. Computer, Büromaterial), Investitionsgüter und weitere große Einzelpositionen, z.B. Energie. Jede Kategorie muss schließlich nach Lieferanten ausgeführt werden, um entscheidungsrelevante Daten zu generieren.

Weiterhin ist es ratsam, eine Differenzierung nach der Art der Bestellung und dem Grad der Abnahmeverpflichtung durchzuführen:

- Einzelbestellung
- Rahmenvertrag
   - mit Abnahmeverpflichtung (sogenannte Take-or-Pay-Verträge)
   - ohne Abnahmeverpflichtung

Oftmals stoßen wir bei unserer Arbeit auf die Argumentation, dass der Einkauf das Bestellobligo nicht im Voraus beurteilen kann. So wird eingewendet, das Bestellobligo bilde nicht alle zukünftigen Bestellungen in einem Planungszeitraum ab. Dieser Einwand ist teilweise berechtigt: Nicht enthalten sind beispielsweise Bestellungen mit kurzer Planlieferzeit oder teilweise Abrufe aus Rahmenverträgen. Um diese Schwachstelle des Bestellobligos zu beheben, gleichen wir das Bestellobligo mit einem erwarteten Materialaufwand bzw. den „zukünftigen Verbindlichkeiten" ab.

Die zukünftigen Verbindlichkeiten können auf zwei Arten hergeleitet werden:

1. prozentualer Materialanteil, basierend auf der Vertriebsvorschau
2. Materialstückliste auf Basis der Vertriebsvorschau

1. Prozentualer Materialanteil, basierend auf der Vertriebsvorschau

Der Vertrieb plant Umsätze (auf Kunden- und Artikelebene) aufgrund des Auftragsbestands und/oder aufgrund der Markterwartungen ein. Diesen Umsätzen ordnen wir entsprechende Materialkosten zu. Nun kann vereinfacht ein prozentualer Anteil des zukünftigen Umsatzes für die künftigen Lieferantenverbindlichkeiten hergeleitet werden, die dann mit einem aus der Vergangenheit abgeleiteten Algorithmus für das Zahlungsziel hinterlegt werden. Diese Methode ist hinreichend präzise bei Unternehmen mit sehr homogenen Produkten und Lieferantenkonditionen.

2 Finanzplanung

Beispiel: prozentualer Materialanteil vom Umsatz

	KW1	KW2	KW3	KW4	KW5	KW6	Total
Umsatz	300	400	200	900	700	500	3.000
Materialanteil Prozent	50	50	50	50	50	50	50
Materialanteil	−150	−200	−100	−450	−350	−250	−1.500
Zahlungsziel:	1 Woche						
Auszahlung	−0	−150	−200	−100	−450	−350	−1.250

Schwankt der Materialanteil jedoch zwischen den Produkten oder bestehen große Unterschiede in den Zahlungszielen, so ist diese Methode zu ungenau.

2. Materialstückliste auf Basis der Vertriebsvorschau

Soll genauer geplant werden, so lösen wir auf Basis der Vertriebsplanung den geplanten Umsatz (pro Kunde/Artikel) in einer Materialstückliste auf. Diese Materialien werden wiederum Lieferanten(-gruppen) zugeordnet und mit Zahlungszielen versehen. Auf diese Weise können wir Schwankungen im Produktsortiment oder bei den Zahlungszielen erfassen.

Beispiel: als Ausgangspunkt wird die Umsatzplanung des Vertriebs herangezogen

		KW1	KW2	KW3	KW4	KW5	KW6	Total
Umsatz		300	400	200	900	700	500	3.000
davon Artikel A		200	200	100	500	400	300	1.700
Menge A		20	20	10	50	40	30	170
VK-Preis A	10							
davon Artikel B		100	200	100	400	300	200	1.300
Menge B		5	10	5	20	15	10	65
VK-Preis B	20							

2 Finanzplanung

Stückliste: Materialaufwand pro Artikel (Einsatzgewicht x Preis pro Einheit):
Stahl: Artikel A: 5   Artikel B: 10
Kunststoff: Artikel A: 2   Artikel B: 4

Die Differenz zwischen dem Verkaufspreis und der Addition des Materialaufwandes entspricht dem Deckungsbeitrag (vereinfachte Darstellung).

Aus dieser Berechnung leiten wir die Liquiditätsbelastung pro Lieferant ab:

Lieferant Stahl: 1 Woche Zahlungsziel
Lieferant Kunststoff: 3 Wochen Zahlungsziel

Auf der Basis der geplanten Umsätze lässt sich eine Planung des erwarteten Liquiditätsabflusses ermitteln:

Beispiel: Berechnung Materialeinsatz

	KW1	KW2	KW3	KW4	KW5	KW6	Total
Menge Artikel A	20	20	10	50	40	30	170
Materialaufwand Stahl	100	100	50	250	200	150	850
Materialaufwand Kunststoff	40	40	20	100	80	60	340
Menge Artikel B	5	10	5	20	15	10	65
Materialaufwand Stahl	50	100	50	200	150	100	650
Materialaufwand Kunststoff	20	40	20	80	60	40	260
Gesamt Materialaufwand Stahl	150	200	100	450	350	250	1.500
Gesamt Materialaufwand Kunststoff	60	80	40	180	140	100	600
Zahlungsabfluss Lieferung Stahl[1]	0	150	200	100	450	350	1.250
Zahlungsabfluss Lieferung Kunststoff[1]	0	0	0	60	80	40	180

1) Vereinfachende Annahmen: Lieferzeit = 0; Umsatz zum Zeitpunkt der Produktion, keine Ausnutzung von Skontospielräumen.

Anhand dieser Aufstellung kann nun nachvollziehbar dargestellt werden, welcher Lieferant wann für welche Lieferung Zahlungen erhalten wird. Kurzfristige Schwankungen im Produktionsplan (Menge und/oder Sortimentszusammensetzung) können leicht aktualisiert und zeitgleich in den Plan überführt werden.

Beide beschriebenen Verfahren zur Erlangung der Transparenz bezüglich der zukünftigen Zahlungsverpflichtungen aus Lieferung und Leistung (LL; prozentual oder über die Stücklistenauflösung) müssen mit dem tatsächlichen Bestellobligo abgeglichen werden, um vor Überraschungen gefeit zu sein.

Werden nun die zukünftigen Verbindlichkeiten auf Basis der Vertriebsplanung in der Zeitreihe dem Bestellobligo gegenübergestellt, so hat sich in unserer Projekterfahrung folgende Regel als vorteilhaft erwiesen:

Ist das Bestellobligo in der jeweiligen Woche höher als der zukünftige Materialaufwand, so ist der höhere Wert anzusetzen.

Das hängt damit zusammen, dass das Bestellobligo von der Wahrscheinlichkeit einer rechtlich verbindlichen Auszahlungsverpflichtung tendenziell höher ist als der errechnete Materialaufwand.

Darüber hinaus prüfen wir die Liefertermine sorgfältig. Der Grund: Überfällige Lieferungen verzerren das Bestellobligo im Vergleich zum errechneten Materialaufwand insbesondere in den ersten Wochen des Liquiditätsplans. Hier muss der Einkauf beim Lieferanten nachhaken und den neuen Liefertermin im Bestellobligo aktualisieren.

Am Ende jeder Planungsperiode drängen wir darauf, dass der Einkauf in Zusammenarbeit mit der Finanzabteilung die Planungsgenauigkeit misst. Dies erfolgt durch die Erstellung eines Soll-/Ist-Abgleichs.

Hierzu verwenden wir in der Praxis zwei Arten von Analysen:

Bei der Varianzanalyse von Liquiditätsplänen werden die geplanten und die tatsächlichen Einzahlungen und Auszahlungen grafisch angezeigt. Im Verlauf ist zu erkennen, ob sich die Linien annähern oder ob zu optimistisch/konservativ geplant wird.

- Abgleich der Planungen
    - grafische Anordnung der Ist-Zahlen (inkl. neuer Planzahlen), der Soll-Zahlen (alter Forecast) und der Differenz;
    - Vergleich der vergangenen Woche (Ist-Woche) mit der Planung (alter Forecast);
    - Vergleich der neuen Planung (Ist-Woche + 12 Wochen) mit der alten Planung (13 Wochen).

Das Hauptaugenmerk gilt der Verschiebung oder Erhöhung/Reduktion von Planzahlen.

Für den Vergleich zweier aufeinanderfolgender Liquiditätspläne wird die verfügbare Liquidität in Euro im Zeitablauf in einer Grafik abgebildet. Anhand der Abbildung 3 erkennt man bei der neueren Planung (gepunktete Linie) eine geringere verfügbare Liquidität als bei der vorhergehenden Planung (gestrichelte Linie).

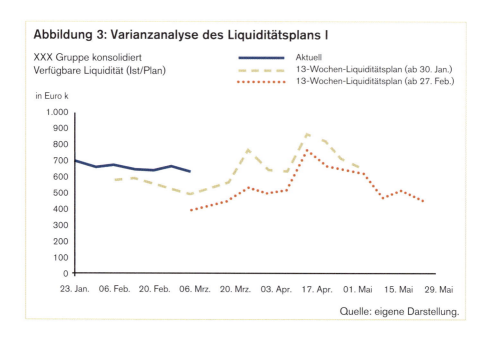

- Planungsgenauigkeit über den 13-Wochen-Betrachtungszeitraum

Abbildung 4 zeigt eine alternative Form der Varianzanalyse des Liquiditätsplans. Die erste Zeile „2010 Ist" zeigt die tatsächlichen Ist-Zahlen. Wie aus dem Vergleich der Planung bis August des Jahres ersichtlich ist, liegt die tatsächlich verfügbare Liquidität mit 27,3 Mio Euro höher, als in den drei vorangegangenen Planungsperioden (Mai, Juni, Juli) angenommen wurde.

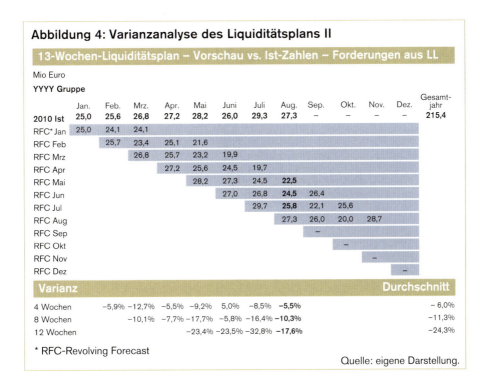

Gerade zu Beginn einer Liquiditätsplanung stellen wir immer wieder größere Abweichungen fest. Wenn diese im Nachhinein erkannt werden, kann dies in der nächsten Planungsperiode berücksichtigt und damit stetig die Aussagekraft/Qualität des Liquiditätsplans gesteigert werden.

Mögliche Gründe für Abweichungen sind:

- Der Liefertermin der Ware wurde nicht eingehalten: zu früh/zu spät.
- Der Materialaufwand wurde in der Planung nicht vollständig berücksichtigt (z.B. Handelsware, die nicht veredelt wird, erscheint u.U. nicht in der Stücklistenauflösung).
- Es kommt zu Mengenabweichungen aufgrund von erfolgten Teillieferungen.
- Die Anschaffungsnebenkosten wurden nicht berücksichtigt, z.B. Spedition (bei Incoterms ex works).
- Zahlungen werden uneinheitlich mit bzw. ohne Skonto erfasst.
- Das Warenkreditversicherungslimit des Lieferanten wird nicht berücksichtigt und reduziert die geplanten Liefermengen pro Periode.
- Sogenannte schwimmende Zahlungen (Verbindlichkeiten schon zur Zahlung ausgebucht, aber nicht überwiesen) stellen die Situation zu positiv dar.
- Die Ware wird mit sehr kurzer Planlieferzeit angeliefert und erscheint nur kurz im Bestellobligo. Verschärfend hat genau dieser Lieferant auch ein kurzes Zahlungsziel vereinbart.

Drängen Sie auf die konsequente Vernetzung der Teildisziplinen! Eine konsistente Planung kann nur gelingen, wenn die Bereiche Vertrieb, Produktion und Einkauf so aufeinander abgestimmt sind, dass die jeweiligen Beschaffungsaktivitäten und ihre finanziellen Auswirkungen genauestens geplant oder zumindest abgeschätzt werden.

Ist eine Liquiditätslücke erkannt, so können sie entsprechende Gegenmaßnahmen einleiten. Dies betrifft insbesondere drei Bereiche:

- Reduktion von Zahlungen aus dem Bezug von Waren: Umstellung des Abruf- und Bestellrhythmus
- Verzögerungen von Zahlungen aus dem Bezug von Waren: Reklamations- und Qualitätsmanagement
- Verhinderung von Zahlungen: Anfechtung und Rückabwicklung von Verträgen

Der Ablauf und die Methoden dazu werden in den folgenden Kapiteln, insbesondere Kapitel 3 (Einkaufsumfänge) und Kapitel 5 (Lieferanten/Verträge), beschrieben.

Die vorgestellte Vorgehensweise fügt sich in den Gesamtzusammenhang der Planung des betriebsnotwendigen Vermögens (Working Capital) so ein, dass hiermit die im Einkauf entstehenden Verbindlichkeiten genauer geplant werden können. Ansatzpunkt ist die Optimierung des Net Working Capital (NWC). Dabei gilt:

NWC = Forderung + Lager – Verbindlichkeiten aus Lieferung und Leistung

Als hilfreiches Instrument zur Analyse der Maßnahmenwirksamkeit ziehen wir bei unserer Analyse die Reichweitenkennzahlen des Cash Conversion Cycle (CCC) heran. Demnach gilt, dass die Reichweite der finanziellen Mittel (CCC) gleichgesetzt ist mit der Zahl der ausstehenden Vorräte (DIO), der Zahl der Tage der ausstehenden Forderungen (DSO) abzüglich der Zahl der ausstehenden Tage an Verbindlichkeiten (DPO).

Zusammengefasst heißt dies:

CCC = DIO + DSO – DPO

- DIO (Days Inventory Outstanding): Vorräte/Umsatzkosten x 365
- DSO (Days Sales Outstanding): Forderungen/Umsatz x 365
- DPO (Days Payable Outstanding): Verbindlichkeiten aus LL/Umsatzkosten x 365

In Bezug auf den Vertrieb gilt: Die Finanzabteilung sorgt durch Mahnwesen für den rechtzeitigen Eingang der Forderungen. Achten Sie auf einen systematischen Eskalationsprozess der Mahnung fälliger Forderungen (telefonische Erinnerung, schriftliche Mahnung, Inkasso), unter Einbindung der Geschäftsleitung ab signifikanten Wert-/Zeitgrenzen. Dieses Vorgehen ist erforderlich und konsequent einzuhalten, um eine erhebliche Reduktion der Außenstände zu erreichen.

2 Finanzplanung

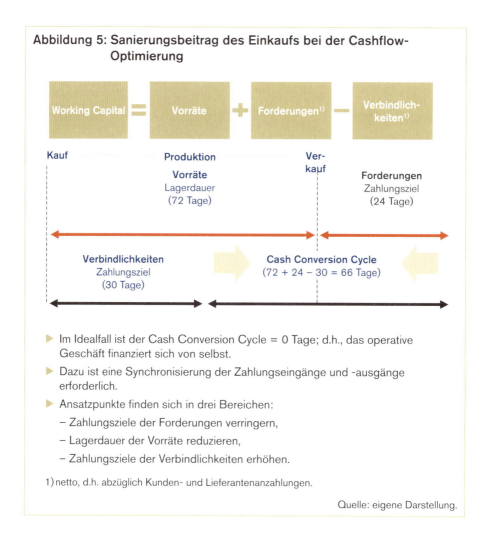

Abbildung 5: Sanierungsbeitrag des Einkaufs bei der Cashflow-Optimierung

Quelle: eigene Darstellung.

Der Einkauf beeinflusst Lager und Verbindlichkeiten bzw. DIO und DPO. Diese Reichweitenkennzahlen lassen sich wiederum an drei Prozessen festmachen, die ganz wesentlich die Kapitalbindung im Unternehmen bestimmen:

- Purchase-to-Pay: Bestellung beim Lieferanten bis zum Rechnungsausgleich
- Forecast-to-Fulfill: Umsatzplanung bis zur Versandbereitstellung
- Order-to-Cash-Prozess: Kundenbestellung bis Zahlungseingang

Bei den Kennzahlen, mit denen diese Prozesse gemessen werden können, geht es um die Frage, wie schnell betriebsinterne Vorgänge zahlungswirksam werden: Bestellung, Wareneingang, Produktion, Auslieferung.

Vor allem Purchase-to-Pay betrifft die Belange des Einkaufs insbesondere auf der Lieferantenseite.

Neben der Purchase-to-Pay-Kennzahl sind die drei wichtigsten einkaufsbezogenen Indikatoren für die Finanzplanung:

- die Höhe der „geschobenen" Verbindlichkeiten: überfällige Verbindlichkeiten in Prozent der Gesamtverbindlichkeiten;
- die Zahl des durchschnittlichen Zahlungsziels (DPO): 360/(Wareneinsatz/durchschnittliche Verbindlichkeiten aus LL);
- die Höhe der Differenzen in den einzelnen Wochen: Bestellobligo versus Materialstückliste (laut Auftragsbestand bzw. Salesforecast).

Mit den vorgestellten Kennzahlen lässt sich die Entwicklung des Working Capital messen, steuern und kontrollieren.

Wie überwand die Wunderweich Chemie GmbH den Engpass? An mehreren Stellhebeln arbeitete das Sanierungsteam. Die Messung der oben diskutierten Kennzahlen zeigte, dass insbesondere die Zahlungsziele der Spezialchemie das Working Capital unnötig aufblähten. Daraufhin wurde der Lieferant hochwertiger Spezialchemie höflich kontaktiert. Aufgrund der mehrmaligen Verspätungen hatte er Verständnis dafür, einmalig das Zahlungsziel zu verlängern. Gleichzeitig zog die Fertigung diesen Auftrag vor und arbeitete ihn mit Priorität ab. So konnte er schnell – zum ursprünglichen Liefertermin – an den Kunden ausgeliefert und der Zahlungseingang der sofort gestellten Rechnung überwacht werden. Darüber hinaus wurden weitere Fertigungsaufträge auf Basis des vorhandenen Materials umdisponiert. So konnte der überhöhte Bestand reduziert werden. Gleichzeitig wurden Abruftermine der auf dem ursprünglichen Produktionsplan geplanten Lieferungen verschoben.

Um nicht wieder in dieselbe Falle zu tappen, wurde das Bestellobligo reaktiviert und im Rahmen der wöchentlichen Liquiditätsplanerstellung berücksichtigt. Bei genauerem Soll-/Ist-Abgleich fiel auf, dass sich das Produktionssortiment im Laufe der Jahre geändert hatte und starke Schwankungen im Materialanteil aufwies. Dies veranlasste die Geschäftsleitung, den Liquiditätsplan umzustellen – vom prozentualem Materialanteil auf einen detaillierteren unter Hinzunahme der Artikelstückliste laut Vertriebsvorschau.

Die zehn größten Risiken im Bereich Finanzplanung sind:

1. Es erfolgt keine Abweichungsanalyse (Plan-/Ist-Vergleich) zur ständigen Verbesserung der Liquiditätsplanung.
2. Doppelzählungen desselben Vorgangs werden in den Verbindlichkeiten und im Bestellobligo vorgenommen.
3. Für die Produktion notwendiges Material wird mit der gleichen Dringlichkeit geplant wie Material, auf das kurzfristig verzichtet werden kann.
4. In der Berechnung des Liquiditätsabflusses wird das Lieferdatum mit dem Auszahlungstermin verwechselt.
5. Überfällige Verbindlichkeiten werden pauschal und damit zu ungenau prozentual vom Umsatz modelliert und fortgeschrieben.
6. Rechnungen, die nicht über Verbindlichkeiten eingebucht werden, werden vergessen, z.B. kommunale Abgaben, Steuern. Ebenso trifft dies zu auf Artikel, die nicht in der Stücklistenauflösung enthalten sind, z.B. Handelswaren.
7. Extern vorgegebene Zahlungen (z.B. Lastschriften für Mobilfunk und Reisekosten) bleiben unberücksichtigt.
8. Warenkreditversicherungslimits werden bei der Planung außer Acht gelassen (ggf. offene Verbindlichkeiten zzgl. Bestellobligo).
9. Puffer für unerwartete Zahlungen werden nicht eingeplant.
10. Es werden aus übertriebener Vorsicht zu viele Puffer an zu vielen verschiedenen Stellen eingeplant, und die Planung verliert an Aussagekraft.

Zusammenfassung

Der Einkauf muss in die Liquiditätsplanung aktiv eingebunden sein. Geschieht das seitens der Finanzabteilung nicht oder nur zögerlich, ist es ratsam, dies durch das Sanierungsteam oder die Geschäftsleitung aktiv einzufordern. Dazu müssen die bestehenden Verbindlichkeiten, bei denen die Ware schon „im Haus" ist, nach Fälligkeit sortiert werden. Alle Teilsummen sollten nach Lieferanten unterschieden werden, damit konkrete Entscheidungen pro Lieferant gefällt werden können. Neben den bestehenden Verbindlichkeiten werden sodann diejenigen Einkaufsumfänge gelistet, bei denen eine Bestellung ausgelöst wurde, eine Lieferung aber noch nicht erfolgt ist. Für jeden Lieferanten kann dann diskutiert werden, ob Lieferungen storniert oder verzögert werden können, um die Liquidität zu verbessern. Dazu muss zwischen Einzelbestellungen und Rahmenverträgen differenziert werden. Insbesondere bei Rahmenverträgen ist es wichtig, mit den betroffenen Fachabteilungen abzuklären, welche Abrufe in den nächsten Tagen und Wochen getätigt werden. Reichen diese Informationen nicht aus, um eine 13-Wochen-Liquiditätsplanung durchzuführen, kann anhand der Vertriebsplanung und der Materialquote – detaillierter: anhand der Materialstücklisten – ermittelt werden, welche Materialbedarfe und folglich welche Auszahlungen auf das Unternehmen zukommen. In akuten Krisensituationen muss diese Vorausschau ggf. täglich aktualisiert werden. Typische Fehler, die bei dieser materialbezogenen Liquiditätsplanung gemacht werden, sind unrealistische oder falsch geplante Auszahlungstermine, die Nichtbeachtung von Steuerzahlungen oder sonstigen Abgaben und die zu grobe Modellierung von Verbindlichkeiten in Abhängigkeit vom Umsatz. Wichtig ist, dass nicht nur eine Planung erfolgt, sondern Entscheidungen hinsichtlich des unbedingt für die Produktion notwendigen Materials gefällt werden.

3 Einkaufsumfänge

Die Air Cuisine AG[1] produziert Kücheneinrichtungen für Flugzeuge. Diese Küchen werden vornehmlich in Verkehrsflugzeuge eingebaut. Die eingekauften Warengruppen umfassen u.a. Sandwich-Verbundmaterialien, Metalle, Kunststoff und Elektrik. Die Preisabschlüsse werden mit den Lieferanten verhandelt. Eine eigene Abteilung für Kostenkalkulation und werttechnische Analyse soll künftig gegründet werden. Bisher wurden die Einkaufsumfänge aber analytisch nicht untersucht. Als die Air Cuisine AG in eine Ertragskrise gerät, bittet die Geschäftsleitung ein externes Beratungsunternehmen um Vorschläge zur Kostensenkung.

Typische Probleme, die wir im Laufe unserer Arbeit in Unternehmen feststellen, sind eine mangelhafte globale Ausrichtung der Beschaffung, geringe Kenntnis der Herstellungskosten des Vorlieferanten und langfristige, von Loyalität, aber auch von mangelndem Wettbewerb geprägte Lieferantenbeziehungen. Ein sehr häufig anzutreffendes Problem ist die mangelnde Bedeutung des Einkaufs im Unternehmen. Nicht selten werden Vergaben zwischen Entwicklung und Lieferanten schon lange im Voraus „besprochen". Produktion und Entwicklung legen den Lieferanten fest, der Einkauf ist nur die „Bestellabteilung". Nicht selten behält sich die Geschäftsleitung das Recht vor, mit wichtigen Lieferanten selbst zu verhandeln. Dies wird von den Lieferanten oftmals rigoros ausgenutzt, indem eine exklusive Beziehung zum Vorstand oder der Geschäftsführung des betroffenen Unternehmens aufgebaut wird. Kommt ein Unternehmen in eine Krise, ist es mit der Durchführbarkeit der geläufigen Ansätze zur Kostensenkung und Wertsteigerung von Einkaufsumfängen meistens schon zu spät: In dieser Situation greifen nur noch Maßnahmen zur unmittelbaren Kostensenkung.

---

1) Ähnlichkeiten mit existierenden Firmen wären rein zufällig und sind nicht beabsichtigt.

Paradoxerweise gilt: Je mehr zu diesem Zeitpunkt im Einkauf eines Unternehmens bereits die Effizienz verbessert wurde, umso geringer ist der Spielraum in der Krise, Beschaffungskosten umfangreich und schlagkräftig zu senken.

Zu Ansätzen der Senkung von Einkaufskosten ist in den vergangenen Jahren eine Vielzahl von Publikationen erschienen (z.B. Total Cost of Ownership, DFMA-Design for Manufacturing and Assembly, Benchmarking, Lieferantenentwicklung, Global Sourcing). Die Anwendung dieser Ansätze ist neben der verfügbaren Zeit von den damit verbundenen Kosten abhängig. Zeit ist in einer Krise ein knappes Gut. Viele dieser Ansätze sind ungeeignet, weil sie sehr zeitintensiv sind.

Voraussetzung zur Bewältigung der Krise ist die Schaffung einer validen Datenbasis. Ähnlich wie der Arzt bei einem Patienten wesentliche Basisdaten zu Alter, Gewicht, Sport- und Lebensgewohnheiten abfragt, ist es für das Krisenmanagement wichtig, zunächst einmal grundlegende Daten zum Einkaufsumfang und -prozess zu erheben.

Eine gut geführte Einkaufsabteilung verfügt nach unserer Erfahrung über

- eine ABC-Statistik (z.B. Wertmenge der Einkaufsumfänge pro Warengruppe im Vergleich zur Anzahl);
- eine Ordnung der Einkaufsumfänge in Warengruppen und Einkaufsregionen;
- eine Klassifizierung bestehender Lieferanten nach Qualität, Zuverlässigkeit der Belieferung, Kosten, eingesetzter Technologie, Produktions- und Herstellungsverfahren;
- eine Definition von Lieferantenzahl und Einkaufsmethoden pro Warengruppe.

Weiterhin sollten alle Beschaffungsumfänge mit (standardisierten, auf die speziellen Erfordernisse angepassten) schriftlich fixierten Verträgen belegt sein. Der Einkaufsleiter und seine Mitarbeiter müssen in der Lage sein, die Form der jeweiligen Vergabe (Direktvergabe, Vergabe im Wettbewerb, Konzeptwettbewerb) im Einzelfall darzustellen und nachvollziehbar zu begründen.

Dazu analysieren wir, aufbauend auf der oben genannten Datenbasis, die „Rangfolge von Wechselkandidaten" unter den bestehenden Lieferanten. Kriterien hierfür sind:

- eigener Einkaufsumsatz in Relation zum Gesamtumsatz des Lieferanten (sogenannte Share of Wallet),
- bisherige Qualität des Lieferanten und Zufriedenheit der eigenen Produktion mit dem Lieferanten,
- Bedeutung und Exklusivität der Technologie für das eigene Produkt (Patente, Qualifizierungen),
- Komplexität/Bedeutung der Belieferungsform für Logistik und Produktion (z.B. Vendor Managed Inventory, Just-in-time-/Sequence-Belieferung …),
- Dauer und Robustheit der Vertragsbindung,
- kurzfristige Verfügbarkeit von alternativen Lieferanten,
- finanzielle Stabilität des Lieferanten.

Im Falle einer Liquiditätskrise werden klassische Standardaufgaben des Einkaufs, nämlich die Suche nach Kostensenkungen, akut. Diese sonst in Eigenregie des Einkaufs durchgeführten Aufgaben stehen dann im unmittelbaren Fokus des Kriseninterventionsteams und der Geschäftsleitung. Aufgrund der Kurzfristigkeit der Problemstellung haben unmittelbar wirksame, schnell zu erzielende Kostensenkungen höchste Priorität. Während kurzfristig über Preise und Zahlungsziele „nachverhandelt" wird (s.u.), sollten mittelfristig wirksame Kostensenkungsmaßnahmen nicht vernachlässigt werden. Darunter fallen im Einzelnen:

1. Nachverhandlung von bestehenden Beschaffungsumfängen

Make-or-buy-Analyse, Kostenkalkulation, Wertanalyse, Total-Cost-of-Ownership-Kalkulation: Ist die Krise akut, bleibt extrem wenig Zeit für umfangreiche Ausarbeitungen. Als hochwirksam und schnell umsetzbar hat sich das Nachverhandeln herausgestellt. Auch vor Vertragsablauf oder vor den üblichen jährlichen Preisverhandlungen muss alles daran gesetzt werden, die Preise zu reduzieren.

Dies ist abhängig von der vertraglichen Bindung an den bestehenden Lieferanten. Mangelnde Daten (z.B. Spezifikationen, CAD-Zeichnungen), unzureichende Liefersicherheit oder Qualitätsprobleme können mögliche „Showstopper" sein. Daher ist diese Maßnahme insbesondere bei Standardteilen oder einfach nachzubauenden Materialien wirksam.

2. Zielkostenbestimmung für Beschaffungsumfänge

In unserer täglichen Praxis fällt uns immer wieder auf, dass Zielvorstellungen fehlen, was ein zugekauftes Bauteil oder auch eine Dienstleistungen maximal kosten darf.

Zielkostenableitungen sind mit wenig Aufwand zu bewerkstelligen: Abhängig von dem vom Unternehmen geplanten oder erzielten Nettoverkaufspreis des eigenen Endproduktes wird eine Zielrendite ermittelt. Nach Abzug dieser Zielrendite werden Gemeinkosten, Fertigungskosten und sonstige produktspezifische Kosten abgerechnet. Die dann verbleibenden Materialkosten werden über die Materialstückliste aufgelöst und Zielkosten für die Bauteile festgelegt. Kommt es bei der Bestimmung von Zielkosten für die Vormaterialien in Summe zu einer Überschreitung der maximal zulässigen Materialkosten, müssen Mittel und Wege für eine Reduktion der Kosten pro Zukaufteil diskutiert werden. Effizienzsteigerungen beim Lieferanten durch den Einsatz von Task-Force-Teams, eine Reduktion der Renditeansprüche der Lieferanten, Umstellungen von Materialien oder Fertigungsverfahren oder eine Verlagerung in sogenannte Low-Cost-Länder sind Themen, die im Rahmen der Nachverhandlung mit dem Lieferanten (s.u.) adressiert werden sollen.

3. Kalkulation der Beschaffungsumfänge

Beschaffungsumfänge, insbesondere Bauteile, sollen eigentlich schon vor ihrer Beschaffung kalkuliert werden, um einen realistischen Preisvergleich zu haben.

Bei der Nachkalkulation von Produkten ist die Zuschlagskalkulation am gebräuchlichsten. Divisionskalkulation, Äquivalenzkalkulation oder Kuppelproduktkalkulationen sind eher industriespezifisch und werden seltener angewendet. Die Kalkulation mit Zuschlagssätzen erfolgt über die direkte Zuordnung von Einzelkosten und die Umlage von Gemeinkosten mittels Zuschlagssätzen. Durch die differenzierte Zurechnung von Zuschlagssätzen wäre prinzipiell die Kenntnis der Kostenstellenrechnung des Lieferanten zwingend, die der Lieferant in den wenigsten Fällen preisgibt. Hier arbeitet man üblicherweise mit industrietypischen Benchmarks für die Material-, Fertigungs- und Vertriebsgemeinkostensätze sowie gegebenenfalls für die Sondereinzelkosten der Fertigung und des Vertriebs. Unsere Erfahrung ist immer wieder, dass es gar nicht nötig ist, die Herstellkosten des Fremdmaterials exakt zu bestimmen. Treffen Sie in Ihrer Rechnung Annahmen, die sich auf die eigenen Kostensätze und auf öffentlich zugängliche Daten stützen. Allein die Diskussion dieser Daten wird Ihnen wertvolle Argumente für die Verhandlung liefern. Wir erleben immer wieder, dass Vertreter oder Vertriebsbeauftragte sich vor diesen Diskussionen mit dem Argument schützen wollen, man kenne die Kostenstrukturen nicht, das sei Aufgabe der hauseigenen Controllingabteilung. Akzeptieren Sie diese Gesprächspartner nicht! Ein Vertriebsbeauftragter, der seine Kostenstrukturen nicht kennt, sollte als Verhandlungspartner nicht akzeptiert werden.

4. Preisvergleiche (Linear Performance Pricing)

Linear Performance Pricing erlaubt einen Vergleich von Produkteigenschaften und Einkaufskosten. Dabei werden ähnliche oder funktional vergleichbare Teile anhand von skalierbaren Kriterien verglichen. Der einfachste Fall ist der Vergleich von Bauteilen anhand ihres Gewichtes oder ihrer Größe auf der einen Seite und des geforderten Preises auf der anderen Seite. Voraussetzungen sind dabei eine gewisse Normierbarkeit der Vergleichsumfänge (Gewicht, Material, Funktion etc.) und eine ausreichend große Stückzahl von Teilen oder Modulen, die verglichen werden sollen. Diese Methode ist sehr wirksam zur Aufdeckung von Widersprüchlichkeiten bei Bauteilpreisen. So haben wir bei einem Hersteller für Küchengeräte alle Kunststoffteile in einem großen Raum zusammengetragen. Dann wurden die Teile nach den Kunststoffsorten und der Oberflächenbehandlung (Lackierung, Narbung etc.) in Gruppen sortiert. Innerhalb dieser Gruppen verglichen wir dann Preis und Gewicht der Teile. Dabei ergab sich ein Bild wie in der folgenden Abbildung. Nun luden wir alle Lieferanten ein und konfrontierten sie mit der Analyse. Das Ergebnis war beeindruckend: Viele Lieferanten konnten die Preisunterschiede zu den Teilen der Konkurrenten, aber auch zu anderen Kunststoffteilen aus dem eigenen Haus nicht erklären. Noch am selben Tag konnten wir in einem Dutzend Fälle konkrete Preissenkungen vertraglich festschreiben. In zwanzig anderen Fällen wurden uns eine umgehende Prüfung und eine Stellungnahme zugesichert. Ein Drittel davon konnten wir nach einer Woche erfolgreich zu einer Preissenkung bewegen, in anderen Fällen ergab die Nachprüfung, dass die Kostenunterschiede berechtigt waren.

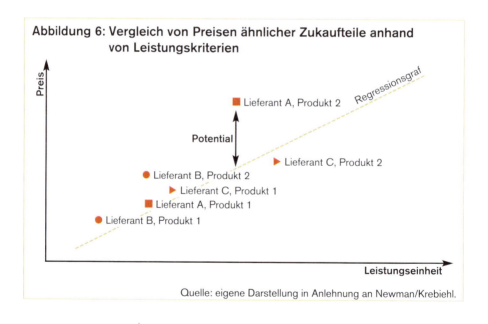

Bei der Air Cuisine AG entfielen ca. 80 Prozent des Einkaufsvolumens auf 23 Lieferanten. Bei 20 Lieferanten lagen schriftlich geschlossene Einkaufsverträge vor. Für die Herstellung der Verbundplatten für Wände und im Bereich der Elektrik waren vier Lieferanten technologisch für das Endprodukt so wichtig, dass ein kurzfristiger Lieferantenwechsel nicht in Betracht kam. Von den restlichen Lieferanten machten sechs Lieferanten mehr als 30 Prozent ihres Ge-

samtumsatzes mit der Air Cuisine AG. Die Analyse der „Wechselkandidaten", die anhand oben aufgelisteter Kriterien durchgeführt wurde, ergab, dass acht Lieferanten Kandidaten für einen kurzfristigen Lieferantenwechsel waren. Bei diesen Lieferanten war eine von Air Cuisine ausgesprochene Ankündigung eines Wechsels realistisch umsetzbar und musste daher von den betroffenen Vorlieferanten sehr ernst genommen werden.

Grundsätzlich ergeben sich Möglichkeiten für das Nachverhandeln aus der Nachfragemacht bzw. der Angebotsmacht der Vertragspartner. Macht ergibt sich immer aus dem Tauschinteresse, also aus dem Interesse, das zwei Parteien an einer Transaktion haben. Dies wird am besten mit Angebots- und Nachfragemacht beschrieben.

Eine hohe Nachfragemacht ergibt sich u.a. aus

- einer hohen Anzahl wichtiger Zulieferer, z.B. bei Spritzgussherstellern für die Autoindustrie oder Herstellern für Verpackungen in der Nahrungs- oder Kosmetikindustrie;
- den Möglichkeiten der Integration des Umfangs in den Wertschöpfungsprozess des Abnehmers (Insourcing), z.B. die Übernahme einer bisher ausgelagerten Montage oder der Cabrioproduktion bei Automobilherstellern;
- hoher Konkurrenz und geringer Bedeutung der Branche für den Kunden, z.B. Büromaterialien oder Wach- & Schließgesellschaften;
- der Substituierbarkeit, z.B. die Verwendung von Kunststoff- statt Metallgehäusen bei Küchengeräten;
- geringen Markteintrittsbarrieren für neue Konkurrenten, z.B. im Markt für Raumpflegedienstleister aufgrund von geringen Investitionen und Know-how;
- geringen Umstellungskosten bei den nachfragenden Unternehmen, z.B. bei der Umstellung von Schraub- auf Steckverbindungen in der Produktion des abnehmenden Unternehmens;
- fehlender Vorschrift von Unterlieferanten seitens des Endkunden.

Entsprechend verhält es sich mit der Angebotsmacht der Lieferanten: Bei hohem spezifischem Know-how, hohen Umstellungskosten beim Abnehmer, einer geringen Verfügbarkeit von alternativen Lieferanten oder Ersatzprodukten steigt die Angebotsmacht der Zulieferer. Klassische Beispiele sind neue Dieseleinspritzsysteme für die Automobilindustrie oder Softwareentwickler, die Steuerungssoftware für Lenkwaffensysteme entwickeln.

Grundsätzlich lassen sich die Möglichkeiten in folgender Matrix zusammenfassen:

Abbildung 7: Nachverhandlungsoptionen ohne juristische Argumentation in Abhängigkeit von den Machtverhältnissen zwischen Anbieter und Nachfrager

Quelle: in Anlehnung an Kraljic.

Die Matrix ermöglicht die Wahl von Normstrategien in Abhängigkeit von der eigenen Nachfragemacht in Relation zur Macht des Lieferanten. Aus den einzelnen Konstellationen von Angebots- und Nachfragemacht ergeben sich folgende Handlungsmöglichkeiten:

1. Niedrige Angebots- und niedrige Nachfragemacht

Ein klassisches Beispiel für das Aufeinandertreffen von niedriger Angebots- und niedriger Nachfragemacht sind Büromaterialien für ein Unternehmen. Bei niedriger Angebots- und Nachfragemacht macht es keinen Sinn, die Diskussion mit dem Lieferanten zu eröffnen. Ein mittelständisches Unternehmen wird keine aufwendigen Einkaufsverhandlungen mit einem Hersteller von Büromaterialien führen. Sind günstigere Preise bei technologisch und qualitätsbezogen identischen Alternativlieferanten erzielbar, macht es Sinn, ohne große Diskussion möglichst schnell den Lieferanten zu wechseln.

Bei ausschreibungsfähigen Artikeln kann dies mit effizienter Unterstützung erfolgen. Sehr gute Voraussetzungen hierfür sind Lieferantenmanagement- und E-Sourcing (eRFx)-Systeme. Wenn diese in dem betroffenen Unternehmen nicht vorhanden sind, sollten sie auf keinen Fall in einer Krisensituation eingeführt werden. Dafür ist der Aufwand zu hoch. Was jedoch weniger bekannt ist: Die meisten Anbieter von E-Procurement-Software „hosten" diese Software, d.h., das betroffene Unternehmen kann gegen eine Gebühr die Plattform beim E-Procurement-Anbieter benutzen. Angesichts der Vielzahl der angebotenen Funktionen empfehlen wir dringend, sich kurzfristig auf die schnelle Neuausschreibung von Beschaffungsumfängen und auf die Nachverhandlung und -kalkulation von Bedarfen zu konzentrieren. Eine weit reichende, manuelle Neuausschreibung von Umfängen dürfte für eine in der Krise hochbelasteten Einkaufsorganisation kaum möglich sein; Softwareprodukte bieten die Möglichkeit, den Anfrageprozess von administrativen Tätigkeiten zu entschlacken und die für Entscheidungen notwendige Datenbasis in kürzester Zeit zu erheben.

Der Hauptvorteil von E-Sourcing-Plattformen besteht darin, dass Angebotsprozesse strukturiert eingegeben und ausgewertet werden können. Dies erfolgt auch in Zusammenarbeit mit mehreren Abteilungen, die auch an verschiedenen Orten sein können. Teilweise bieten diese Internetplattformen auch vorqualifizierte Lieferanten an, die für die Herstellung von bestimmten Produkten (z.B. Spritzgussteile, Verpackungen) in Frage kommen.

E-Katalogsysteme bieten ein definiertes Produktspektrum zu vorverhandelten Preisen an. Dies erlaubt die vollautomatische Auslösung einer Bestellung auf der Basis einer Bedarfsanforderung (BANF) ohne umständliche Bestell- und Verhandlungsprozesse. Insbesondere werden Nicht-Produktionsmaterialien (z.B. Büromaterial, Normalien, Messwerkzeuge) gelistet.

Gute Anbieter stehen im Falle anstehender Neuverhandlungen auch für die softwarebasierte Durchführung von Full-Service-Auktionen zur Verfügung. Einkaufsauktionen bieten in Fällen, in denen der Beschaffungsumfang gut spezifiziert ist, mehrere Anbieter im Wettbewerb stehen und das Vergabevolumen für die Nachfrager strategisch relevant ist, den höchstmöglichen direkten Wettbewerb. Je nach Format erhalten die Lieferanten Informationen über den Rang ihres Angebots innerhalb des Preisspiegels und können live ihre Angebote senken – die Fachbezeichnung lautet hier „Rückwärtsauktion", da der Preis für den spezifizierten Beschaffungsumfang im Laufe der Verhandlung sinkt.

2. Niedrige Angebots- und hohe Nachfragemacht

Dieser Fall ist sehr häufig in der Automobilbranche gegeben. Zulieferer sind nicht selten sehr stark von den Automobilherstellern abhängig. Aber auch große Zulieferer haben beträchtliche Nachfragemacht gegenüber kleineren Komponentenherstellern. Bei hoher Nachfrage- und niedriger Angebotsmacht kann Druck ausgeübt werden über Argumente, wie z.B.:

- „Wenn wir keine Verlängerung der Zahlungsziele erhalten, dann wechseln wir kurzfristig den Lieferanten."
- „Wir sperren Sie als Lieferanten für Folgeprojekte. Sie werden von uns auch nicht mehr in die Entwicklung neuer Technologien eingebunden."
- „Wir führen eine holländische Auktion für alle relevanten Einkaufsumfänge durch." (Anm.: Die holländische Auktion ist von ihrem Verlauf her einer der „aggressivsten" Auktionstypen, da der Vergabepreis bei einem minimalen Wert beginnt und dann – unterhalb der bestehenden Preise – schrittweise nach oben gesetzt wird, bis der erste Lieferant „zuschlägt". Das erste erfolgreiche Angebot ist dann bindend. Das führt dazu, dass der

Lieferant mit den geringsten Selbstkosten im Allgemeinen bei der Erreichung seiner Kosten plus Gewinnmarge abschließt.)

Insbesondere wenn die Nachfragemacht hoch ist, das abnehmende Unternehmen also am längeren Hebel sitzt, gilt: Je erzwungener die Kostensenkungen sind, desto stärker sind negative Nebenwirkungen zu erwarten.

Diese können unter anderem sein:

- Verschlechterung der Loyalität des Lieferanten,
- Gefahr mangelnder Flexibilität (z.B. bei Sonderwünschen),
- Qualitätsrisiken oder Lieferrisiken des Lieferanten gegenüber seinen eigenen Vorlieferanten, wenn dieser den Druck eins zu eins auf seine Lieferanten weitergibt,
- Reduzierung der Forschung und Entwicklung in Bezug auf die an den Kunden gelieferten Produkte durch den Lieferanten,
- Abwälzung der Haftungsrisiken bei Produkt- oder Materialveränderungen durch den Lieferanten auf den Kunden.

3. Hohe Angebots- und niedrige Nachfragemacht

Hier ist der Lieferant mächtiger. Das ist dann der Fall, wenn der Lieferant über eine Technologie verfügt, die für das abnehmende Unternehmen sehr wichtig ist. Denkbar ist auch, dass es keine direkten Konkurrenten gibt oder die in Frage kommenden Konkurrenten kapazitätsmäßig ausgelastet sind. Um Zugeständnisse in Bezug auf die Verlängerung von Zahlungszielen oder die Senkung der Preise zu erzielen, kann das abnehmende Unternehmen bei hoher Angebotsmacht und niedriger Nachfragemacht Kooperation anbieten:

- Vertragsverlängerung gegen Preisnachlass oder höhere Preise in der nächsten Rechnungsperiode;
- Vertrag mit temporärer Verlängerung des Zahlungsziels, das durch einen höheren Preis ausgeglichen wird;
- Erhöhung des Einkaufsvolumens zu Lasten eines Mitbewerbers;
- Einräumen eines Vorrangs bei Folgeprojekten;

- Aufrechnen von Altlasten, die als Drohpotentiale genutzt werden können (z.B. Fehllieferungen, Gewährleistungen).

Neben der rechtlichen (Kündigungsrechte, Öffnungsklauseln) und wirtschaftlichen Argumentation (Drohpotentiale) sollte jedoch auch aus einer schwachen Position heraus mit dem Lieferanten verhandelt werden. Kooperatives Verhalten von Lieferanten und Kunden bzw. Krisenunternehmen kann vor allem durch zwei Umstände entstehen:

- Beide Beteiligten erkennen die Vorteile eines kooperativen Vorgehens (z.B. einvernehmliche Stundungs- oder Forderungsverzichtsvereinbarung). Dies ist dann der Fall, wenn die Kosten für eine gerichtliche Auseinandersetzung oder der Verlust im Falle eines Totalausfalls des Krisenunternehmens für die Lieferanten höher sind als ein (partieller) Forderungsverzicht.
- Zwischen den betroffenen Unternehmen bestehen langjährige Loyalitäts- oder gar freundschaftliche Geschäftsbeziehungen. Gerade dieses „Potential" ist in der Praxis nicht zu unterschätzen.

4. Hohe Angebots- und hohe Nachfragemacht

Bei hoher Angebots- und hoher Nachfragemacht (der Lieferant realisiert einen hohen Umsatzanteil mit der betroffenen Firma, aufgrund der besonderen Technologie gibt es aber keinen Alternativlieferanten) wird es nur begrenzte Möglichkeiten geben. Ist der Lieferant nicht zur Kooperation bereit (s.o.), lässt sich nur über die Zukunft argumentieren. Dem Lieferanten muss verdeutlicht werden, was eine Insolvenz der betroffenen Firma für seine eigene Firma bedeuten würde. Muss ein Lieferant einen Umsatzverlust von über 30 Prozent hinnehmen, wird er eher zu einer Verlängerung von Zahlungszielen oder der Stundung von Forderungen bereit sein. Sollte das nicht der Fall sein, kann im Falle des eigenen Überlebens mit einer Sperrung gedroht werden (Aufnahme in die „schwarze" Liste), was die Entwicklung alternativer Produkttechnologien erfordert. Hier kommt es darauf an, wie glaubwürdig eine solche Einstufung gegenüber dem Lieferanten gemacht werden kann. Produktion und Entwicklung müssen bei einer solchen Aussage gegenüber dem Lieferanten mitziehen. Nichts ist schlimmer, als wenn die Produktion solche Aussagen gegenüber dem Lieferanten „relativiert".

Nachverhandeln von Lieferverträgen kann also extrem schwierig sein, wenn juristisch bindende Verträge vorliegen und der Verhandlungspartner auf Vertragserfüllung beharrt. Beim Nachverhandeln ist vorrangig das Drohpotential des eigenen Unternehmens entscheidend. Dieses Drohpotential kann sich entweder aus juristischen, wirtschaftlichen oder allgemeinen Gegebenheiten ableiten. Mit anderen Worten: Entweder ist der Vertrag kündbar, oder es gibt überordnete Argumente, warum der Lieferant trotz eines juristisch abgesicherten Vertrages zum Einlenken bereit ist. Als einen „robusten" Vertrag bezeichnen wir hier einen solchen Vertrag, dessen Inhalt vor Gericht schnell und mit hoher Erfolgswahrscheinlichkeit einklagbar ist. Hierbei kommt es auf die Ausgestaltung des Liefervertrages an, insbesondere darauf, ob „nur" ein einzelner Vertrag oder ein Rahmenvertrag mit dem Lieferanten geschlossen wurde.

Grundsätzlich ergeben sich folgende Handlungsoptionen:

Abbildung 8: Strukturierung der Handlungsoptionen

	Nicht kooperativ	Kooperativ
Ohne juristische Argumentation	– Verzögerung von Zahlungen – Vermeidung von Zahlungen – Verweis auf Mängel (Qualitätssicherung) – Drohpotential	– Interessensausgleich verhandeln, z.B. temporäre Preiserhöhung gegen Verlängerung der Zahlungsziele
Mit juristischer Argumentation	– Vertragsanfechtung – Abweichung von Angebot und Annahme – Unterschriftsberechtigung des Bestellers – Irrtum und Täuschung – Rücktrittsrecht bei Lieferverzug	– Öffnungsklauseln – Kündigungsrechte

Quelle: eigene Darstellung.

Welche grundsätzliche Vorgehensweise zu wählen ist, hängt im Wesentlichen von vier Faktoren ab:

- der Nachfragemacht des eigenen Unternehmens (s.o.);
- der strategischen Bedeutung, die das eigene Unternehmen dem Lieferanten zumisst: Dies kann sich auf künftige Technologieentwicklung, auf Rohstoffabhängigkeiten oder auf spezifisches Know-how des betreffenden Unternehmens beziehen;
- dem Stadium der eigenen Unternehmenskrise: Je intensiver die Krise, desto stärker wird der juristisch oder wirtschaftlich machbare Rahmen ausgenutzt;
- der grundsätzlichen Bindung von Verträgen, sofern diese nicht gekündigt werden können oder Öffnungsklauseln besitzen: Die Unterschiede sind hier nicht schwarz und weiß. Es ist daher vor allem zu prüfen, ob der Vertrag wirksam ist, d.h., ob der Vertrag überhaupt wirksam zustande gekommen ist, z.B. weil er möglicherweise nicht rechtswirksam unterzeichnet wurde oder weil die Annahmefrist überschritten wurde. Ein Abgleich der Unterschrift unter der Auftragsbestätigung mit den Eintragungen der Zeichnungsberechtigten ist zwingend erforderlich.

Juristische Argumente bzw. Maßnahmen für das kooperative nachträgliche Neuverhandeln eines Vertrages können sein:

- ordentliche Kündigungsrechte
- außerordentliche Kündigungsrechte oder auch „Öffnungsklauseln"

Vorausschauend in Bezug auf eine potentielle Absatzkrise werden Liefer- und Abnahmeverträge von der juristisch beschlageneren Partei mit Öffnungsklauseln versehen, was auf alle Fälle bei Rahmenlieferungsverträgen anzuraten ist. Diese Öffnungsklauseln können an bestimmten Indikatoren festgemacht werden. Häufig verwendete Indikatoren für die Anwendung von Öffnungsklauseln sind:

- die Absatzplanung des eigenen Unternehmens,
- Qualitätskennzahlen,

- geplante oder realisierte Abnahmemengen des/der Endkunden,
- allgemeine Geschäftsindizes (Konsumklima, Einkaufsmanagerindex).

Man kann es nicht deutlich genug sagen: Sogenannte unkooperative Maßnahmen kommen nur als letzte Konsequenz für eine (realistisch zu erwartende!) Abwendung einer Insolvenz in Frage. Ein weiterer Fall kann die Stilllegung einer Produktlinie oder eines Geschäftsbereiches sein. In diesem Fall kann es möglich sein, dass weder Vormaterial (im schlechtesten Fall liegt die Ware schon am Lager) noch Lieferant in der Zukunft benötigt werden. Sofern ein wirksamer Vertrag vorliegt, kann versucht werden, sich vom Vertrag durch

- Anfechtung oder
- Rückabwicklung

zu lösen.

Ein wirksam zustande gekommener Vertrag kann angefochten werden: So kann die Möglichkeit zur Anfechtung wegen Irrtums oder arglistiger Täuschung (§119 bzw. §123 BGB) bestehen. Diese Anfechtung muss unverzüglich nach Kenntnis erfolgen (§121 BGB). Ein Kalkulationsirrtum, z.B. weil zu viel bestellt wurde, rechtfertigt nicht die Anfechtung.

Verträge können aber auch ohne Anfechtung rückabgewickelt werden, z.B. wenn der Rücktritt vom Vertrag erklärt wird, weil die gelieferte Ware mangelhaft ist und der Mangel nicht beseitigt werden kann. Eine Rückabwicklung wird dann interessant, wenn sich die Geschäftsleitung entschlossen hat, ein bestimmtes Geschäftsfeld aufzugeben oder wenn Lieferanten mit vergleichbarer Qualität und besseren Zahlungs- und Preiskonditionen ausfindig gemacht wurden.

Neben der Rückabwicklung des gesamten Vertrages kann auch an die Minderung des Kaufpreises gedacht werden. In der Praxis erleben wir immer wieder eine mangelhafte Koordination zwischen Einkauf, Produktion und Qualitätskontrolle. Oftmals sind die Einkäufer nicht darüber im Bilde, wie die Qualität der angelieferten Produkte aktuell bewertet wird.

Die zuvor beschriebenen Maßnahmen führen allesamt dazu, dass die bereits gelieferten Waren wieder an den Lieferanten zurückgegeben werden müssen.

Die Liquidität kann auch durch die Geltendmachung von Zurückbehaltungsrechten erhöht werden. Ein Zurückbehaltungsrecht besteht immer dann, wenn der Mangel an der gelieferten Ware nicht behoben ist oder die Lieferung nicht vollständig erfolgte.

Überprüfen Sie dabei ihre Ansprüche aus dem Vertrag, und vergleichen Sie diese mit der erbrachten Leistung bzw. Lieferung. Wenn ein Teil Mängel aufweist, die vereinbarte Dokumentation fehlt, eine Einweisung nicht erbracht wurde oder andere Punkte noch offen sind, können sie hinsichtlich der Zahlungspflicht ein Zurückbehaltungsrecht geltend machen. Wir stellen immer wieder fest, dass vertragliche Spielräume hinsichtlich Qualität und Lieferfristen nicht ausgeschöpft werden, weil sich über Jahre Gewohnheiten eingeschlichen haben. Diese Gewohnheiten kosten das Unternehmen Geld und wertvolle Liquiditätsspielräume.

Da die Nebenwirkungen beträchtlich sein können (Klage des Lieferanten, negative „Presse" in der jeweiligen Branche, Verweigerung von Folge- oder Anschlusslieferungen), sollten derartige Maßnahmen nicht durch den Einkauf allein, sondern mit der Geschäftsleitung/dem Krisenstab mit Augenmaß gemeinsam beschlossen und durchgesetzt werden.

Als letzte Möglichkeit zur Abwendung einer Illiquidität verbleibt die Verweigerung oder Verzögerung von Zahlungen. Im Einzelnen kommen folgende Maßnahmen in Frage:

- Verweigerung der Zahlung mit Verweis auf Mängel oder Fehllieferung (Entfallen des Zahlungsgrundes),
- Verzögerung von Zahlungen,
- Zurückbehaltung von geschuldeten Zahlungen.

Unkooperative Maßnahmen dürfen nur mit juristischer Begleitung durchgeführt werden. Im Falle einer Insolvenz besteht hohes persönliches Haftungsrisiko für den Geschäftsführer/Gesellschafter. Die Argumentationskette muss daher eindeutig und gut dokumentiert sein.

Das Entfallen des Zahlungsgrundes ist Ziel der „formalistischen" Vertragsanfechtung. Mit Verweis auf offene Punkte werden Zahlungen so lange zurückbehalten, verzögert und verweigert, bis ein Kompromiss gefunden wird bzw. sich die Liquiditätssituation verbessert hat. Diese Vorgehensweise wird mittlerweile systematisch auf Kundenseite als „Claim Management" unter anderem in der Bau- und Automobilzulieferindustrie eingesetzt.

Hierzu stehen nach einiger Vorarbeit mit Hilfe der Ablage/des Archivs folgende Ansatzpunkte zur Verfügung:

- Angebot und Annahme weichen in Punkten voneinander ab (z.B. Liefermenge). Solange in diesem Fall keine Leistung erbracht wurde, ist der Vertrag nicht erfüllt, und es besteht keine Zahlungspflicht.
- Die Annahmeerklärung ging der Angebotspartei verspätet oder überhaupt nicht zu oder der Besteller war dazu nicht bevollmächtigt.
- Anfechtung wegen Irrtum oder arglistiger Täuschung (§119 bzw. §123 BGB), die unverzüglich nach Kenntnisnahme erfolgen (§121 BGB) muss.
- Rücktritt vom Vertrag aufgrund gesetzlicher oder vertraglicher Rücktrittsrechte (z.B. bei Mängeln).
- Aufgrund von Beanstandungen durch die hauseigene Qualitätssicherung werden Sendungen komplett zurückgesendet, Belastungsanzeigen für Aussuchaktionen erstellt oder die Ware bis zur Stellungnahme gesperrt.

Im Fall großer Dringlichkeit und knapper Liquidität einigt sich die Einkaufsabteilung auf einen Nachlass bei sofortiger Begleichung der Restzahlung oder auf einen Zahlungsplan. Als Grundregel gilt auch hier: Generell sollte niemals gedroht werden, was nicht auch glaubhaft realisiert werden kann, und bei aller Härte im Umgang miteinander sollte Fairness walten. Menschen haben ein sehr feines Gespür für einen fairen Umgang – auch bei harten Verhandlungen.

Die wesentlichen Indikatoren für die Beobachtung einkaufsbezogener Maßnahmen sind:

- PPV (Purchase Price Variance): Summe der bisherigen Einsparungen seit der erfolgten Einkaufsverhandlung (z.B. 4 Prozent Preisreduktion x Wert der Lieferungen in Euro)
- Verhandlungsstatus: verhandelte Lieferanten/Summe aller bestimmten Lieferanten aus „Rangfolge von Wechselkandidaten"
- Vorlaufzeit für einen Wechsel der A-Lieferanten

Wichtige Indikatoren für die Strukturierung von „Wechselkandidaten" sind:

- die größten 20 Prozent aller Lieferanten, geordnet nach Einkaufsumsatz/Gesamtumsatz (Share of Wallet)
- Anzahl der qualifizierten Alternativlieferanten pro Warengruppe
- für die identifizierten Wechselkandidaten: erwartete Zeitdauer, Kosten und Versorgungsrisiko pro Lieferantenwechsel (insb. Werkzeug- oder Anlagentransfer, Qualitätsrisiken)

Die zehn größten Risiken im Umgang mit Lieferanten in Krisensituationen sind:

1. Vertragliche Spielräume sind nicht bekannt und/oder werden nicht ausgenutzt.
2. Im Einkauf sind die Herstellungskosten der eingekauften Produkte nicht bekannt und können folglich nicht als stichfeste Argumente für Kostensenkungen in Verhandlungen mit Lieferanten eingebracht werden.
3. Die Geschäftsleitung beschneidet durch eigenmächtige Lieferantenentscheidungen die Autorität des Einkaufs nach innen und nach außen (ein verheerender Fehler, den wir immer wieder antreffen).
4. Der Einkauf hat keine vergleichbaren Daten zu wichtigen Verhandlungsparametern, insbesondere zu Qualität und Logistik.
5. In Verträgen sind keine Öffnungsklauseln für Neuverhandlungen vorhanden.
6. Potentielle Alternativlieferanten werden von der Entwicklung nicht qualifiziert oder „freigegeben". Der Einkauf kann oder will sich nicht gegen Widerstände durchsetzen.
7. Der Einkauf hat keine Glaubwürdigkeit beim Aufbau von Alternativlieferanten, da Entwicklung, Fertigung oder gar die Geschäftsleitung beim Aufbau neuer Lieferanten nicht „mitziehen".
8. Dezentrale Einkaufsabteilungen stimmen sich nicht ab und/oder tauschen keine Informationen aus. Dadurch werden gleichartige Einkaufsumfänge nicht gebündelt.
9. Altlasten (z.B. offene Ansprüche der Lieferanten aus der Vergangenheit) werden von Vergabe zu Vergabe „weitergeschleppt". Dadurch haben die Lieferanten Drohpotentiale bei angekündigtem Lieferantenwechsel.
10. Kosten und Risiko für Werkzeugverlagerung und Belieferungskonzept werden bei einem Verlagerungskonzept unterschätzt.

Zusammenfassung

Mittel- bis langfristig orientierte Methoden der Kostensenkung (Neuausschreibung, Linear Performance Pricing, Wertanalyse) greifen in Krisensituation nicht mehr oder zu spät. Wenn die Liquidität des Unternehmens nur noch für wenige Monate oder gar Wochen ausreicht, bleibt meistens nur noch ein probates Mittel, um die Abwendung der Krise durch den Einkauf zu unterstützen: bestehende Lieferverträge nachzuverhandeln.

Beim Nachverhandeln von bestehenden Einkaufsumfängen hängt viel vom Kooperationsinteresse der Lieferanten und vom Drohpotential des eigenen Unternehmens ab. Zunächst wird eine einvernehmliche Lösung mit den Lieferanten angestrebt und um eine (ggf. zeitlich begrenzte) Verlängerung des Zahlungsziels oder eine Reduzierung der Einkaufspreise gebeten. Wird dies von den Lieferanten abgelehnt, ist die Anwendung einer Drohung unvermeidlich. Dieses Drohpotential kann sich aus juristischen oder wirtschaftlichen Umständen ableiten. Juristische Argumente für die Androhung einer Vertragsauflösung können ordentliche oder außerordentliche Kündigungsrechte sein, die in den Einkaufsverträgen fixiert sind.

In seltenen Fällen kann auch der Wegfall der Geschäftsgrundlage als Argument ins Feld geführt werden. In der Praxis häufiger sind bei derartigen Auseinandersetzungen wirtschaftliche Argumente. Hat ein Lieferant viele Konkurrenten, die technologisch gleichwertige Produkte in kurzer Frist zu gleichen Anlieferungskonditionen liefern können, so wird seine Bereitschaft für einen Preisnachlass oder für eine Verlängerung des Zahlungsziels deutlich höher sein als bei einem Lieferanten, der ein Alleinstellungsmerkmal für das betroffene Unternehmen besitzt.

Ganz wesentlich ist, dass der Einkauf plausibel mit einem Lieferantenwechsel drohen kann und dass dies nicht von der Entwicklung oder der Produktion unterlaufen wird. Oft sprechen diese Schwesterbereiche selbständig mit dem Lieferanten, und nicht selten bestehen Zielkonflikte: Die Produktion wünscht möglichst geringe Risiken bei der Belieferung, und die Entwicklung legt sich nicht selten schon frühzeitig auf einen aus ihrer Sicht bevorzugten Lieferanten fest. Das Sanierungsteam und der Einkauf müssen hier eine starke Stellung im Unternehmen haben. Jegliche übergeordneten Eingriffe in Vergabeentscheidungen unterminieren ihre Autorität.

Wenn Einkäufer die Verträge nicht kennen, sind sie nicht in der Lage, bestehende Spielräume auszunutzen, um Zahlungen zu verzögern oder Zahlungskonditionen nachzuverhandeln. Alte, unbeglichene Forderungen der Lieferanten aus der Vergangenheit behindern die Flexibilität und den Handlungsspielraum beim Nachverhandeln in der Krise.

4 Lager

Das Stanzwerk Extrahart GmbH[1] fertigt Metallteile für verschiedene Haushaltsmaschinen. Wesentliche Vormaterialien, die die Extrahart GmbH kauft, sind speziell zugeschnittene Stahlplatten und Edelstahlcoils, von denen Teile ausgestanzt und weiterverarbeitet werden. Diese Stanzteile werden in Waschmaschinen, Geschirrspülern und Wäschetrocknern für Industrieanwendungen verbaut. Die Extrahart GmbH hat sich über Jahre auf hochwertige Metallkomponenten spezialisiert, die eine sehr hohe Dauerhaltbarkeit aufweisen.

Zu Jahresanfang befand sich die Extrahart GmbH in einer massiven Ertragskrise. Gespräche mit Gesellschaftern, Banken und Gewerkschaften liefen auf Hochtouren. Auf Druck der Banken wurde ein Sanierungsberater hinzugezogen. Um die wichtigen Großkunden nicht zu verlieren, wollte die Extrahart GmbH ihre noch verbliebenen Kunden nicht auch noch durch Lieferstockungen verlieren. Der Sanierungsberater drängte neben anderen Themen auf die Reduzierung des im Unternehmen gebundenen Kapitals (Working Capital). Während eines Lagerrundgangs des gesamten Sanierungsteams fielen die verkupferten Stahlbleche in der Ecke ebenso auf wie die bereits mehrfach umgelagerten Edelstahlcoils. Die Sanierungsberater regte an, das Lager auf überflüssiges Material zu durchforsten und ggf. überschüssige Ware zu veräußern.

Ein Lagerrundgang zählt immer zu den ersten Maßnahmen, die wir in einem Sanierungsfall durchführen. Das Lager und die Festlegung der Bestellmengen liegen selten allein in der Verantwortung des Einkaufsbereiches. In mittleren und großen Unternehmen werden diese von verschiedenen Abteilungen wahrgenommenen Entscheidungen unter dem Begriff „Supply Chain" zusammengefasst.

Nach unserer Erfahrung sind sich die Akteure über die Auswirkungen auf die Unternehmensliquidität oftmals nicht im Klaren. Je größer der Druck, desto mehr treten „operative" Notwendigkeiten in den Vordergrund, die den Blick

---

1) Ähnlichkeiten mit existierenden Firmen wären rein zufällig und sind nicht beabsichtigt.

auf die wesentlichen „Liquiditätskiller" – Forderungen sowie die Kapitalbindung im Lager (Roh-, Halbfertigwaren- und Fertigwarenlager) – verstellen.

Neben den Verbindlichkeiten aus Lieferungen und Leistungen stellt das Lager den größten Stellhebel zur Optimierung des Working Capital dar (Anteil bis zu 31 Prozent der Bilanzsumme). Der Lageranteil am Jahresumsatz beträgt bis zu 2 Prozent bzw. bis zu 13 Prozent der Gesamtvorräte (Quelle: Deutsche Bundesbank). Im Durchschnitt sind dies ca. 18 Prozent der Bilanzsumme (Rohmaterialvorräte und Verbindlichkeiten aus LL) zuzüglich ca. 4 Prozent für Investitionen. Aus Sicht der Gewinn-und-Verlust-Rechnung verantwortet der Einkauf durch den Materialaufwand bis zu 71 Prozent der Gesamtleistung und ca. 22 Prozent der Bilanzsumme.

Dieses gebundene Kapital kann zur Finanzierung der Produktion eingesetzt werden. Hierzu ist ein sogenanntes negatives Net Working Capital auf Kosten der Lieferanten anzustreben. Dabei gilt:

$$\text{Net Working Capital (NWC)} =$$
$$\text{Umlaufvermögen} - \text{Cash} - \text{Verbindlichkeiten aus LL} =$$
$$\text{Vorräte} + \text{Forderungen aus LL} - \text{Verbindlichkeiten aus LL}$$

Im Beispiel hat die Extrahart GmbH Forderungen von 600, einen Lagerbestand von 400 und Verbindlichkeiten von 300 Geldeinheiten:

Forderungen:	600
Lager:	+ 400
Verbindlichkeiten:	– 300
NWC:	= 700

Der Lagerbestand ist im Unternehmen physisch verteilt. Nicht selten gibt es in Unternehmen verschiedene Materiallager, für die verschiedene Bereiche (Logistik, Produktion, Disposition, Arbeitsvorbereitung) zuständig sind. Das erschwert die Koordination bei einem schnellen Lagerabbau. Diese Lager – gegliedert nach unterschiedlichen Wertschöpfungsstufen – umfassen in verarbeitenden Unternehmen oft folgende Positionen:

- Vor-/Rohmateriallager (Einkauf, Logistik, Produktion),
- Hilfs- und Betriebsstofflager (Einkauf, Logistik, Produktion),
- Zubehör und Spezialersatzteillager,
- Halbfertigwarenlager (Produktion),
- Fertigwarenlager (Produktion, Vertrieb).

Im Fall einer Liquiditätskrise gilt es, diese Lager umfassend in die Betrachtung einzubeziehen, um übergreifende Maßnahmen zur Schaffung von Liquidität zu erarbeiten.

Dabei gehören drei Schritte zum Standardrepertoire des Krisenmanagements:

1. Analyse des Lagerbestands und der Lagerbewegungen
2. Definition der nicht benötigten Umfänge auf Basis der Vertriebsvorschau
3. operative Umsetzung des Lagerabbaus

Den größten kurzfristigen Hebel zur Steigerung der Liquidität hat die Einkaufsabteilung meistens im Bereich Vor-/Rohmateriallager (wertmäßig größerer Hebel; das Fertigwarenlager ist meist von Produktion/Vertrieb bestimmt).

Aufgrund der Zeitnot in einer Krise sollten die folgenden Kennzahlen ermittelt werden:

- tatsächlicher (!) Lagerbestand (vgl. Inventurdifferenzen),
- Planlieferzeiten der Lieferanten (nach Neuverhandlung),
- Durchschnittsverbrauch (vergangenheitsbasiert),
- erwarteter Verbrauch nach Stückliste, basierend auf der Vertriebsvorschau,
- Losgrößen (nach Neuverhandlung),
- Auslaufteile (Löschkennzeichen).

Mit Hilfe der Ergebnisse der Lageranalyse treiben wir dann den Prozess voran. Der Lagerabbau kann prinzipiell auf zwei Wegen vollzogen werden:

1. Drosselung von Bestellungen (zukunftsorientiert)
2. Veräußerung von überflüssigem Material (vergangenheitsbasiert)

Zur Drosselung von Bestellungen ist die Anpassung der Dispositionsparameter ein wesentlicher Schritt auf dem Weg zur kurzfristigen Senkung der Lagerbestände.

Für mittel- bis langfristige Maßnahmen durch Verbesserungen der innerbetrieblichen Leistungsabstimmung (z.B. Logistik: Kanban, JIT) und Änderungen im Produktsortiment besteht in der akuten Liquiditätskrise keine Zeit.

Ob mit Hilfe von ERP-Software, händischer Disposition oder mit einem Tabellenkalkulationsprogramm, in vielen Unternehmen wird die automatisierte Nachbestellung anhand des Meldebestands ausgelöst. Innerhalb vernünftiger Grenzen diskutieren wir nun mit dem Management, mögliche Puffer abzubauen, und gemeinsam mit Lieferanten (Planlieferzeit und Losgröße, Anlieferfrequenz) und der Produktion/dem Vertrieb (Durchlaufzeiten), die Bestände bei Aufrechterhaltung der Lieferfähigkeit zu gewährleisten.

4 Lager

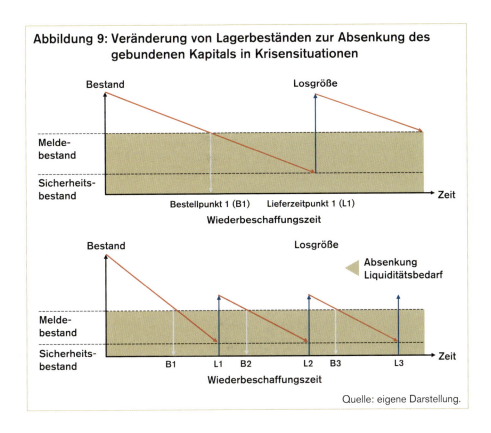

Abbildung 9: Veränderung von Lagerbeständen zur Absenkung des gebundenen Kapitals in Krisensituationen

Quelle: eigene Darstellung.

Wie in obiger Abbildung gezeigt, ist das Sinken von Fertigungsmindestlosgrößen ein typisches Krisenphänomen. Durch eine Absatzkrise werden viele kleine Aufträge statt der deckungsbeitragsoptimierten Charge/Fertigungslosgröße durchgesteuert. Das bedeutet, dass Termin- und Kapazitätsplanung bei kleinen Produktionsmengen an die höhere Volatilität angepasst werden. Entsprechend besteht die Gefahr eines Lageraufbaus, weil die systemseitig hinterlegten Parameter nur verzögert auf Umsatzeinbrüche reagieren.

Die Neuberechnung der optimalen Bestellmenge unter Liquiditätsgesichtspunkten bedeutet aber auch, dass höhere Anschaffungsnebenkosten in Kauf zu nehmen sind (z.B. halbleere Lkws). Ist die Liquidität knapp, kann eine solche Maßnahme durchaus Sinn machen. Durch die erhöhte Anzahl von Lieferabrufen (aus Rahmenverträgen) erhöht sich der damit verbundene Bearbeitungsaufwand (von der Wareneingangskontrolle bis zur Rechnungsprüfung). Dies führt zu weiteren Mehrbelastungen der Belegschaft und damit verbundenen Personalstunden (vom Arbeitszeitkonto bis zu Überstundenzuschlägen). Das kann eine Nebenwirkung der Krisenbewältigung sein. Da das Unternehmen aber für eine begrenzte Zeit auf Liquidität fokussiert ist, muss diese Nebenwirkung gegebenenfalls in Kauf genommen werden.

In einem ersten Schritt hin zur Ermittlung der optimalen Bestellmenge aktualisieren wir folgende Berechnungen (vereinfachte Darstellung):

- Abgleich des aktuellen Lagerbestands mit dem erwarteten Verbrauch in den folgenden 13 Wochen (Vorausschau)
- Errechnung der Reichweite pro Artikel:
  Lagerbestand / zukünftiger Verbrauch
- Neuberechnung des Mindestbestands:
  Planlieferzeit x durchschnittlicher Verbrauch (Vergangenheit und Zukunft)
- Neuberechnung des Meldebestands:
  Mindestbestand + Planlieferzeit x durchschnittlicher Verbrauch (Vergangenheit und Zukunft)
- Neuberechnung des Maximalbestands:
  Meldebestand + Minimum Losgröße

Im Beispiel wird der Mindestbestand wie folgt berechnet:

Planlieferzeit:	4 Tage
Durchschnittsverbrauch:	3 Tonnen (t) pro Tag
Mindestbestand:	4 Tage x 3 t/Tag = 12 t

Eine häufige Fehlerquelle bei der Berechnung der Reichweite ist nach unserer Erfahrung der Durchschnittsverbrauch. Diesen gilt es, auf seine Aktualität hin zu überprüfen. Bei sinkenden Umsätzen ist dies jedoch ein schlechter Ausgangspunkt, weil oft zu hohe Verbräuche errechnet werden. Besser ist ein auf der Fertigungsplanung basierender Durchschnittsverbrauch. In diesem Zusammenhang ist auch mit der Produktion zu klären, innerhalb von wie vielen Tagen ein Auftrag abgearbeitet wird. Dies ist im rechnerischen Durchschnittsverbrauch zu berücksichtigen. Nach unserer Erfahrung sind es gerade diese – offensichtlichen – Abstimmungen, die in einer Krise vernachlässigt werden. Das kann wertvolle Liquidität kosten, die zur Bedienung der Kredite oder der fälligen Verbindlichkeiten nötig ist.

Ist zum Beispiel der aktuelle Lagerbestand höher als der prognostizierte, bedeutet dies, dass kein zusätzliches Material im gesamten Vorschauzeitraum (üblicherweise 13 Wochen) bestellt werden muss. Die Differenz zwischen Planung und aktuellem Lagerbestand ist nichts anderes als ein zu hoher Lagerbestand, der schnell abverkauft/zurückgegeben werden sollte (ein möglicher Einwand sind hier lange Planlieferzeiten; bei kleinen Restmengen – Mindestlosgrößen).

Je nach Qualität der Vertriebsplanung und des Auftragseingangs kann auch ein abgestuftes Verfahren angewendet werden. Dazu werden die Mindest- und Meldebestände jeweils auf Basis der Vertriebsplanung und des Auftragsbestands berechnet. In der Gegenüberstellung erfolgt dann eine Festlegung der Werte in Abstimmung mit Produktion/Vertrieb.

Ein weiteres Problem ist eine mögliche Differenz der Soll-/Ist-Abweichungen zwischen dem theoretischen und dem tatsächlichen Verbrauch. Dies muss bei den Hauptartikeln (Schnellläufer) genauer untersucht werden. Mögliche Gründe können sein:

- Entnahmen werden nicht verbucht.
- Soll-Verbräuche sind mit veralteten Verbrauchswerten hinterlegt.
- Verbräuche schwanken in Abhängigkeit von der Prozessstabilität (Anlaufphase; Witterungsbedingungen).

Bei der Extrahart GmbH waren Vormaterial-, Roh-/Hilfs- und Betriebsstofflager und Fertigwarenlager auf drei Organisationseinheiten aufgeteilt. In der Vergangenheit hatte es aufgrund von Planungsfehlern immer wieder Schuldzuweisungen zwischen den betroffenen Abteilungen wegen fehlender oder zu knapper Vorräte gegeben. Das Resultat: Um zu vermeiden, wieder in eine solch missliche Lage zu kommen, haben alle drei Lagerverantwortlichen ihren jeweiligen Lagerbestand deutlich erhöht. Bei den Ersatzteilen hatte die Extrahart GmbH jeden erdenklichen Artikel auf Lager, den sie in den vergangenen 25 Jah-

ren produziert hat. Und das in beachtlichen Mengen! Es erfolgte wenig bis gar keine Abstimmung zwischen den Lagern und auch erstaunlich wenig Abstimmung mit der Vertriebs- und Absatzplanung.

Im Extremfall geht es darum, Produktions- und Liquiditätsengpässe zu schließen. Die Kernfrage des Sanierungsteams lautet: „Was brauche ich dringend, um diese Woche noch liefern zu können?" In Bezug auf die Lager sind mögliche Maßnahmen, um die Liquidität sicherzustellen:

im Vormateriallager:

- Erhöhung der Anlieferfrequenz – Logistikdienstleister: Der Lieferant liefert kleinere Lose und beliefert häufiger. Eventuelle Preiserhöhungen müssen vor Umstellung gegengerechnet bzw. wegverhandelt werden.
- Reduktion der Losgrößen – in Absprache mit Kernlieferanten (siehe Anlieferfrequenz)
- Reduktion der Planlieferzeiten – in Absprache mit Kernlieferanten: Lieferanten der Hauptwarengruppen werden kontaktiert und nach kurzer Aufzeichnung der tatsächlichen Lieferzeit im zurückliegenden Quartal gebeten, eine kürzere Lieferzeit zu garantieren.
- Bestellung in Abhängigkeit von Zahlungszielen (z.B. Monatsanfang, bei Zahlungsziel 30 Tage nach Monatsende), Prüfung der optimalen Bestellzeitpunkte für die Vorfinanzierung des Lagers bzw. für die Optimierung der Liquidität. Beispiel: Bestellung am Monatsende statt wie bisher zur Monatsmitte bei einem Zahlungsziel von 30 Tagen nach Monatsende.
- Eliminierung von Auslaufartikeln aus dem automatisierten Bestellvorgang: Eine Gefahr geht von Artikeln aus, die auslaufen. Spezifisches Material muss dann gegebenenfalls in zu großen Mengen für die Ersatzteilversorgung gelagert werden. In SAP ist dies mit der Funktion „Löschkennzeichen setzen" berücksichtigt.
- Einrichtung von Konsignationslagern bei Hauptlieferanten

im Fertigwarenlager:

- „Make-to-Stock-Artikel", also auf Vorrat produzierte Produkte werden nur noch für bevorzugte Kunden (A-Kunden) auf Lager produziert. Für alle anderen Kunden erfolgt eine reine Auftragsfertigung (Make-to-Order-Artikel für B-/C-Kunden).
- Prüfung einer Teilauslagerung zu Logistikdienstleistern: Externe Logistikdienstleister übernehmen den aktuellen Lagerbestand und wickeln den gesamten Versand im Rahmen eines Dienstleistungsvertrages ab.

im Ersatzteillager:

- Hier werden oft hohe Werte gebunden. Die Systematik entspricht der des Vormateriallagers (s.o.).

im Hilfs- und Betriebsstofflager, bei Zubehör und Verpackung:

- Service-Level-Agreements mit Lieferanten: Dies sind Verträge, die Dienstleistungen auf der Basis der erbrachten Dienstleistungsqualität vergüten (Beispiel: Verfügbarkeit der Ware innerhalb von x Stunden/Tagen).
- Einrichtung von Konsignationslagern: Das Eigentum an der Ware verbleibt beim Lieferanten, der Besitz befindet sich beim verarbeitenden Unternehmen.
- Verlagerung von eigenen Sicherheitsbeständen zum Lieferanten: Dies bedeutet, dass er jederzeit eine definierte Menge in seinem Lager bevorratet.
- Senkung des Bestands durch Umstellung der Ersatzteilversorgung (definierter Verfügbarkeit oder Ausfallzeiten nach Anlagenart).

Bei einem ausreichenden Abbau der Bestände wird Lagerraum frei. Durch Zusammenlegung oder weitere konsequente Bestandsreduktion kann die genutzte Lagerfläche reduziert werden. Im Falle eines eigenen Lagers kann dieses gegebenenfalls extern vermietet werden.

Darüber hinaus kann bei einer Vergabe des Lagermanagements an einen externen Partner die Übernahme der Lagermittel zur Voraussetzung erhoben werden (indirekte Bezahlung der Regale, Stapler usw.). Damit kann Liquidität aus gebundenem Kapital geschaffen werden.

Gerade in Krisenunternehmen bekommen wir oft die „ist sowieso schon im Hause"-Argumentation zu hören. Das zurzeit nicht benötigte Vormaterial sei nun mal schon im Lager, und da es schon bezahlt sei, würde ein Verkauf unter Einstandspreisen keinen Sinn machen.

Für den zweiten Weg des Lagerabbaus „Veräußerung von überschüssigem Material" (vergangenheitsbasiert) sollten demnach folgende Möglichkeiten in Betracht kommen:

operative Umsetzung des Lagerabbaus:

- Vormateriallager:
  - Rückgabe an Lieferanten: Unter Verweis auf das laufende und mögliche zukünftige Geschäft kann der Lieferant dazu bewegt werden, das überschüssige Material zurückzunehmen. Oftmals ist das Interesse des Lieferanten groß, Ware zurückzunehmen, insbesondere bei schwer verfügbaren Artikeln (lange Wiederbeschaffungszeit).
  - Umarbeitung zur Weiterverwendung im Produktionsprozess, z.B. Umschneiden von Stahl auf kleinere Größen oder Verwendung höherwertigen Stahls (z.B. sehr enge Toleranzen) für Produkte mit geringeren Anforderungen.
  - Umstellung der Verpackungsgrößen (Standardisierung): Verwendung von bereits vorhandenem Material, auch wenn die Verpackungsgröße nicht den aktuellen Produktionserfordernissen entspricht (z.B. umschütten, umrüsten …).
  - Fire-Sale bzw. Verschrottung: Oftmals wird das Material pauschal in Drittländer verkauft. Wichtig ist hierbei ein ordentlicher Kaufvertrag (z.B. Freistellung von der Gewährleistung). Auch eine Anfrage bei spezialisierten Aufkäufern von Insolvenzmasse ist lohnenswert.
  - Umwidmung des vorhandenen Materials in ein Konsignationslager (Vorteil: Lieferanten haben im Insolvenzfall Rechtsklarheit durch räumliche Abtrennung des Eigentums) auf Kosten des Lieferanten (Verrechnung mit offenen Verbindlichkeiten).

Neben dem Vormateriallager weist wertmäßig das Fertigwarenlager den größeren Hebel auf. Grund dafür ist die bereits verarbeitete Wertschöpfung. Im Fertigwarenlager stehen teilweise zu den im Vormateriallager beschriebenen Maßnahmen noch andere Mittel zur Bestandsreduktion zur Verfügung:

- Fertigwarenlager:
  - Slow Mover Reduction (Reichweite > 1 Jahr), Abverkaufsaktion durch Vertrieb,
  - Entsorgung aufgrund von Qualitätsthemen (Überschreitung Maximalalter),
  - Umfüllung in gängige Packungsgrößen,
  - Verschrottung (zur Schaffung von Lagerfläche).

- Hilfs- und Betriebsstofflager, Zubehör, Verpackung:
  - Identifikation von Auslaufteilen und doppelt angelegten Artikeln,
  - Verkauf an Exporthändler/Rückgabe an Lieferanten.

Die wesentlichen Kennzahlen zur Früherkennung und Umsetzungskontrolle sind:

- Abbau des Lagerbestands in Prozent gegenüber dem Vormonat:
  - prozentuale Veränderung Lagerbestand/Umsatz (nur bei schneller Durchlaufzeit) gegenüber dem Vormonat

- Lagerdauer:
  - Artikel (Wert/Menge) mit einer Lagerdauer > 1 Jahr

- Umschlagshäufigkeit:
  - Lagerbestand in Euro/durchschnittlicher Monatsverbrauch in Euro (durchschnittlicher Monatsverbrauch wird auch Cost Of Goods Sold genannt)

> **Die zehn größten Risiken im Umgang mit dem Lager in Krisensituationen sind:**
>
> 1. Rückgabe-/Abverkaufsversuche von nicht benötigtem Material sind zu zaghaft.
> 2. Die Lager- und Bestellmengenplanung wird fehlerhaft oder zeitlich verzögert an die veränderten Losgrößen der Produktion angepasst.
> 3. Aufgrund übertriebener Sorge um die Aufrechterhaltung der Lieferfähigkeit sind die Lagerbestände zu hoch und damit die Liquiditätsbindung überhöht.
> 4. Zu viele und/oder zu hohe Reservepuffer werden in die Lagerplanung eingebaut.
> 5. Aus Angst vor hohen Logistikkosten wird eine zu hohe Liquiditätsbindung im Lager in Kauf genommen.
> 6. Der Einkauf fordert in nicht ausreichendem Maße die realistische Einschätzung von Restbeständen durch Produktion und Vertrieb verbindlich ein.
> 7. Die Einrichtung von Konsignationslagern wird nicht oder zu zögerlich in Angriff genommen.
> 8. Der theoretische Verbrauch weicht stark vom effektiven Verbrauch ab – dies wird nicht oder zu spät erkannt.
> 9. Die Größe des Ersatzteillagers wird zu einseitig an einer schnellen Ersatzteilverfügbarkeit ausgerichtet.
> 10. Abgebaute Lagerfläche wird nicht schnell genug umgewidmet.

Der Einkauf der Extrahart GmbH erklärte sich auf Drängen des Sanierungsberaters bereit, mögliche Abnehmer für die überflüssige Ware zu suchen. Nach mehreren Telefonaten war klar, dass einer der Lieferanten die Restmengen übernehmen würde. Die dringend benötigte Liquidität wurde für die Beschaffung neuen Materials verwendet. Mittlerweile haben die Hauptlieferanten schon auf Vorkasse umgestellt. Entlastung kam erst mit dem Verkauf von Lagerbeständen, die für künftige, aber unrealistische Aufträge zurückgestellt waren. Durch diese Maßnahme wurde unter anderem die drohende Insolvenz abgewendet.

Zusammenfassung

In der Krise stellt der gezielte Abbau von Lagern eine der effizientesten Methoden dar, Liquidität zu schöpfen. Oft sind die diversen Lager auf verschiedene Abteilungen im Unternehmen (Logistik, Produktion, Vertrieb) verteilt. Dadurch wird ein schnelles und gezieltes Vorgehen in der Krise sehr oft erschwert.

Ein häufig beobachtetes Krisenphänomen ist das Sinken von Fertigungsmindestlosgrößen. Die betroffene Firma versucht, jeden nur möglichen Auftrag schnell abzuarbeiten, um Beschäftigung zu sichern. Durch dieses Vorgehen werden viele kleine statt großer Aufträge abgearbeitet. Damit sinken die Fertigungslosgrößen. Das bedeutet, dass die Termin- und Kapazitätsplanung an kleine Mengen mit tendenziell höherer Volatilität angepasst werden muss. Wird die Lager- und Bestellmengenplanung nicht sofort an die neuen Notwendigkeiten angepasst, kommt es zu Überbeständen in den Lagern, die wertvolle Liquidität beanspruchen.

Oftmals ist nicht klar, wer der Treiber der Maßnahmen zum Lagerabbau ist. Zu viele Bedenkenträger aus zu vielen Fachabteilungen verzögern den Prozess. Im Unternehmen fühlt sich sehr oft niemand für den Verkauf von Halb- oder Fertigfabrikaten zuständig. Hier kann sich der Einkauf, der das Verhandlungs-Know-How und die größte Kenntnis der Beschaffungsmärkte besitzt, sinnvoll engagieren. Die Einrichtung von Konsignationslagern kann eine vertrauensschöpfende Maßnahme für die Lieferanten und gleichzeitig eine liquiditätsentlastende Maßnahme für das betroffene Unternehmen sein. Wichtig ist, dass schnell und entschlossen gehandelt wird.

5 Lieferanten/Verträge

Die Schalttechnik AG[1] baut Schaltschränke und programmiert Steuerungssysteme für Industrie- und Verkehrstechnikanwendungen. Gerade im Bereich der Bahntechnik hat sich die Schalttechnik AG in den vergangenen Jahren eine führende Marktstellung erarbeitet. Gleichzeitig ist ihre eigene Abhängigkeit von wenigen Großkunden relativ hoch. Seit längerer Zeit kämpft die Schalttechnik AG mit einer mangelhaften Auslastung. Aufgrund von Einsparprogrammen haben die großen Kunden ihre Aufträge heruntergefahren. Erst zögerlich hat sich das Management der Schalttechnik AG dazu entscheiden können, die Personalkosten zu senken. Als ein weiterer Großauftrag storniert wird und gleichzeitig eine eingetretene Vertragsstrafe zu einem hohen Abfluss an liquiden Mitteln führt, bahnt sich eine Liquiditätskrise an. Das Unternehmen ist seit einiger Zeit nur noch in seiner kleinsten Sparte profitabel. Die Schalttechnik AG hat in den vergangenen Jahren die Einkaufskosten erfolgreich um 6 Prozent pro Jahr relativ zum Umsatz gesenkt. Viele neue, kleinere Lieferanten sind erst in letzter Zeit hinzugekommen, da die Schalttechnik AG ein Einmalprojekt durchgeführt hat, das im nächsten Jahr beendet sein wird. Bei den etablierten Herstellern von Komponenten sind in der Vergangenheit neue osteuropäische Lieferanten auf dem Markt getreten, die interessante Alternativen für wesentliche Steuerungen und Schaltschränke bieten.

Als die Liquiditätskrise bei der Schalttechnik AG akut wird, weist der Vorstand den Einkauf an, alle Maßnahmen zu ergreifen, um die Liquidität des Unternehmens zu erhöhen.

Der Einkauf jedes Unternehmens möchte grundsätzlich zwei wirtschaftliche Ziele erreichen: niedrige Kosten und möglichst lange Zahlungsziele. Dieser Zielkonflikt ist auch in einer Krisensituation gegeben, nur dass sich hier die Aufmerksamkeit drastisch in Richtung Zahlungsziele, also in Bezug auf die Liquidität verschiebt.

---

1) Ähnlichkeiten mit existierenden Firmen wären rein zufällig und sind nicht beabsichtigt.

Die Verlängerung des Zahlungsziels zur Beseitigung einer Zahlungsunfähigkeit oder einer drohenden Zahlungsunfähigkeit ist von größter Wichtigkeit für den Einkauf eines Unternehmens in der Krise. Die Verlängerung des Zahlungsziels führt dazu, dass die Lieferantenforderung noch nicht fällig wird. Die zur Insolvenzantragstellung verpflichtende Zahlungsunfähigkeit kann jedoch nur bei fälligen Forderungen vorliegen.

Vorgehensweisen im Einkauf, um die Liquidität zu erhöhen, sind

- Verlängerung von Zahlungszielen,
- Synchronisierung von Zahlungsläufen,
- Teilzahlungsabreden,
- Zinserlass,
- Stundung/Moratorium,
- Forderungsverzicht.

Die Verlängerung von Zahlungszielen ist – genauso wie die Preisgestaltung und andere Vertragsbestandteile – Gegenstand der Vertragsfreiheit und damit abhängig von der jeweiligen Marktmacht der Verhandlungspartner. Der Wunsch nach einseitiger Verlängerung von Zahlungszielen führt im Allgemeinen zu Auseinandersetzungen zwischen Kunden und Lieferanten. Ein zunächst einfacher Weg der Problemlösung besteht in der Ausnutzung von Skontobedingungen: Das betroffene Unternehmen verzichtet auf Skonto und reizt die Zahlungsfristen bis zum Maximum aus. Außerhalb der Krisensituation ist das nicht anzuraten: In der Regel sind die Mehrkosten aus Nichtausnutzung des Skontos deutlich höher als der Zinsvorteil aus der hinausgezögerten Zahlung.

Der Standardrhythmus der Zahlungsläufe der Finanzabteilung nimmt keine Rücksicht auf eventuell noch vorhandene Spielräume bei der Fälligkeit von Zahlungen an Lieferanten. Daher ist es ratsam, sofern möglich, die Auslösung von Zahlungen an Lieferanten individuell zu steuern, je nach Fälligkeit. Durch ein solches Vorgehen können Skontovorteile wie auch Liquiditätsspielräume eröffnet werden. So sind die großen Positionen, wie z.B. Energie, am letzten Fälligkeitstag als Einzelüberweisung zu tätigen. Dies schafft gegenüber dem wöchentlichen Zahlungslauf immerhin einen Vorteil von wenigen

Tagen. Dies kann im Extremfall in einer Krise bis hin zu einem täglich neu abgestimmten Zahlungslauf gehen.

Abweichungen von Angebot/Bestellung/Lieferung, die in der Praxis immer wieder auftreten, lassen sich für die Ausweitung der Liquidität nutzen.

Durch Überprüfung und Beanstandung von Fakturen lassen sich Fehler aufdecken. Beispiele: Die gelieferte Menge entspricht nicht der bestellten Menge, oder es wurde nicht das bestellte Bauteil geliefert, sondern ein ähnliches Bauteil, das die Spezifikationen ganz oder nur teilweise erfüllt. Sind die Beanstandungen akkurat und werden sie konsequent durchgeführt, führt dies zu einer Ausweitung des Zahlungsziels, weil die geschuldeten Beträge im Allgemeinen auf der Basis des Rechnungsdatums zu bezahlen sind. Diese neue Rechnung muss erst vom Lieferanten erstellt und zugesendet werden. Bei Teilzahlungsabreden ist zu klären, welche Zahlungen in welcher Form wann geleistet werden sollen und welche Konsequenzen bei versäumten Teilzahlungen eintreten. Oft wird in den allgemeinen Geschäftsbedingungen des Lieferanten bestimmt, dass bei Säumigkeit des Käufers von nur einer oder zwei Teilzahlungen sofort der gesamte Betrag fällig wird. Es ist daher wichtig, eine derartige Regelung in den eigenen allgemeinen Einkaufsbedingungen auszuschließen.

Ist ein Abnehmer von einer Technologie abhängig oder bestehen langjährige Loyalitätsbeziehungen zwischen dem in der Krise befindlichen Unternehmen und seinen Lieferanten, können Lieferanten dazu motiviert werden, auf Teile ihrer Forderungen zu verzichten. Als Sanierungsinstrument zur Überwindung von Liquiditätsengpässen kann ein Moratorium mit den Gläubigern dienen. Ein Moratorium ist eine Vereinbarung über eine Verlängerung der Zahlungsziele. Oft wird es auch als Stillhalteabkommen bezeichnet.

Die Forderungsinhaber/Lieferanten können auch dazu bewegt werden, auf ordentliche und außerordentliche Kündigungsrechte für Kredite und Forderungen zu verzichten. Ein solches Moratorium kann befristet werden. Ziel ist die Herbeiführung der Sanierungsfähigkeit der Gesellschaft.

Zivilrechtlich handelt es sich auch beim Moratorium um eine Stundung. Es werden keine neuen Mittel zugeführt, und die Gewinn-und-Verlust-Rechnung des Schuldners wird nicht entlastet.

Das Moratorium ist im Gegensatz zur einfachen Stundung ein Instrument, das auf die Mitwirkung möglichst vieler Gläubiger baut. Deshalb wird es auch zumeist in einem außergerichtlichen Vergleich (s.u.) vereinbart. Es ist in aller Regel ein äußerst komplizierter Vorgang, da mit vielen Lieferanten gleichzeitig verhandelt werden muss und sich das Schuldnerunternehmen damit öffentlich zu einem drohenden oder vorhandenen Liquiditätsengpass bekennt. Moratorien sind als Instrument zur Stundung von Zahlungen problematisch, da sie bei den Lieferanten die negative Erwartung auslösen können, das Unternehmen werde insolvent. Eine solche Erwartungshaltung von wichtigen Gläubigern kann zu einer Verweigerungshaltung und fortfolgend zu einem Belieferungsstopp führen.

Grundsätzlich gilt für Moratorien:

- Vor der Ansprache der Lieferanten muss als entscheidende Größe bei der Diskussion um Stundungen von Forderungen ein abgestimmter Sanierungsplan vorliegen.
- Die Cashflow-Planung des Unternehmens muss tagesaktuell vorliegen, ansonsten kann die Auslösung einer Bestellung den Straftatbestand des Eingehungsbetrugs nach sich ziehen. In jeder Phase wird eine erfahrene und kompetente juristische Begleitung benötigt, da alle Lieferanten gleich behandelt werden müssen. Ansonsten kann eine Strafverfolgung wegen Gläubigerbenachteiligung drohen.
- Die Lieferanten müssen gezielt angesprochen werden. Dafür ist es nötig, Lieferanten anhand der oben genannten Kriterien in Prioritäten einzuteilen (siehe Kapitel 3 Maßnahmen Einkaufsumfänge).
- Betroffene Banken und Kreditversicherer müssen in den Prozess eng eingebunden werden: Beide Parteien sind mit als Erstes nach einem detailliert ausgearbeiteten Kommunikationsplan zu informieren. Mit ihnen ist das geplante Vorgehen im Vorfeld abzustimmen. Ohne den Konsens in diesem Kreis ist ein Moratorium kaum durchzuführen.

- Die Abfolge der Gespräche muss im Vorfeld detailliert geplant werden. Reise- und Abstimmungsaufwand durch Abwesenheit von entscheidenden Personen des Schuldnerunternehmens müssen unbedingt vermieden werden. Das Sanierungsteam sollte versuchen, so stark wie möglich „vor Ort" zu bleiben.

Als weitere Sanierungsmaßnahme kommen Forderungsverzichte in Betracht. Ein Forderungsverzicht durch den Lieferanten erfolgt durch Erlassvertrag gemäß § 397 BGB. Dabei erklärt der Lieferant, dass das zu sanierende Unternehmen seine Verbindlichkeiten ihm gegenüber (ganz oder teilweise) nicht mehr zu begleichen habe. Da es sich um einen beiderseitigen Vertrag handelt, muss der Verzicht von beiden Parteien angenommen werden. Die Forderung des Lieferanten erlischt damit. Sie führt beim Unternehmen zu einem steuerbaren „Sanierungsgewinn". Meistens sind zum Zeitpunkt der Krise schon so hohe Verluste aufgelaufen, dass sie den „Sanierungsgewinn" ausgleichen und kein zu versteuernder Gewinn verbleibt.

Verzichte sind in der Praxis zum Teil problematisch, da der Lieferant seine Waren in der Regel unter Eigentumsvorbehalt geliefert hat und der Verzicht dazu führt, dass er nicht nur auf die Forderung, sondern auch auf die Sicherheiten verzichtet.

Aus diesem Grund stellt der Forderungsverzicht mit Besserungsschein eine für den Gläubiger günstigere Alternative dar. Hier wird ebenfalls ein Erlassvertrag geschlossen, der aber unter dem Vorbehalt der Gewinnerwirtschaftung durch das Unternehmen gestellt wird. Die sogenannte Besserungsabrede stellt den Forderungsverzicht unter die auflösende Bedingung der Vermögensbesserung. Mit der Vermögensbesserung lebt also die Forderung – je nach Vereinbarung nur teilweise – wieder auf. Bei diesen Ausführungen wird schon deutlich: jeder Schritt nur mit einem im Insolvenzrecht beschlagenen Juristen. Und vermeiden Sie unter allen Umständen Fehler bei der Kommunikation Ihrer Vorgehensweise.

In einem Besserungsschein wird eine Bedingung formuliert, von der die Rückzahlung der Forderung abhängig gemacht wird (z.B. die Entwicklung des Betriebsgewinns in den nächsten Abrechnungsperioden). Gleichzeitig verzichtet der Aussteller nicht selten auf die Einrede der Verjährung. Um Auseinandersetzungen zu vermeiden, sollte das Ziel möglichst genau definiert werden. Die Schriftform ist zwingend zu empfehlen. Nicht selten wird seitens der Lieferanten ein Treuhänder verlangt.

In der unmittelbaren Liquiditätskrise wird das Unternehmen für jede Art von Finanzierung einem Quick-Check unterzogen. Im Rahmen des Ratings werden Jahresabschlüsse, aktuelle betriebswirtschaftliche Auswertungen (BWA), Liquiditätspläne und Unternehmensplanrechnungen genau untersucht. Droht die unmittelbare Zahlungsunfähigkeit, so wird es kaum möglich sein, externe Finanzierung heranzuziehen. Bleibt jedoch noch etwas Zeit, dann lohnt es sich, eine weitere Liquiditätsquelle, die oft zuerst in der Finanzabteilung angesiedelt wird, anzusehen: das Einkaufsfactoring. Die Grundidee des Einkaufsfactorings besteht darin, dass sich das betroffene Unternehmen Liquidität bei einem Finanzier zum Zeitpunkt der Bestellung sichert. Der Finanzier (eine Bank, eine Factoringgesellschaft) wird neuer Debitor des Lieferanten. Es entsteht ein Dreiecksverhältnis zwischen Lieferant, Kunde und Einkaufsfactor. Der Lieferant beliefert nach wie vor das betroffene Unternehmen. Das Geld bekommt der Lieferant jedoch direkt bei Lieferung vom Einkaufsfactor. Nach einer vereinbarten Frist bezahlt das betroffene Unternehmen dem Einkaufsfactor den vorfinanzierten Betrag zuzüglich Zinsen.

Vereinfacht lässt sich dieser Zusammenhang wie folgt darstellen:

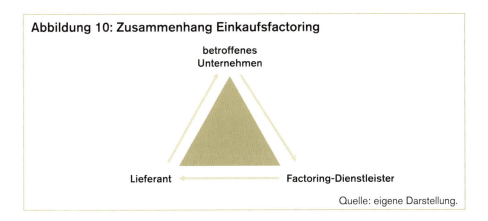

Abbildung 10: Zusammenhang Einkaufsfactoring

Quelle: eigene Darstellung.

Dabei gilt folgende einfache Skontorechnung: Der Preis einer Warenlieferung sei z.B. 50.000 Euro, der Skontosatz 2 Prozent, die Skontofrist zehn Tage. Wird die Rechnung innerhalb von zehn Tagen beglichen, darf der Abnehmer 2 Prozent Skonto abziehen.

Jeder Controller, jeder Finanz- oder Einkaufsleiter weiß, der Jahreszinssatz für diese Skontobedingung ist enorm hoch: 2/10 x 360 = 72 Prozent pro Jahr! Das könnte die Finanzabteilung mittels des Kontokorrentkredits von der Hausbank natürlich wesentlich billiger finanzieren; nicht aber, wenn alle Kreditlinien bis an die Grenzen ausgeschöpft sind.

In diesem Beispiel – aber auch unabhängig von einer Liquiditätskrise – kann nun ein Factoringspezialist einbezogen werden. Wir nehmen an, dieser refinanziert sich z.B. zu 12 Prozent p.a. Dann kostet ihn die Vorfinanzierung der Warenlieferung 49.000 Euro x 12 Prozent/360 = „nur" 16,33 Euro pro Tag.

Das Geschäftsmodell des Einkaufsfactoring-Anbieters ist offensichtlich: Der Einkaufsfactor tritt nun (gegebenenfalls über eine eigens dafür gegründete Zwischengesellschaft) als Abnehmer der Ware auf, zahlt sofort und nutzt den Skontoertrag (s.o.). Bei 2 Prozent Skontosatz beträgt das Skonto für die Warenlieferung 1,00 Euro, der Preis nach Abzug von Skonto folglich 49,00 Euro.

Bei 1.000 Euro Preisreduktion und Kreditkosten von 16,33 Euro pro Tag könnte der Einkaufsfactor die Ware bis zu 71 Tage vorfinanzieren (Nettotage: Skontotage + Tage Kontokorrent = 61 + 10 = 71), ohne einen finanziellen Verlust zu erleiden, wenn die eigenen Verwaltungskosten, das Ausfallrisiko und die Renditeerwartungen ausgeklammert werden.

Die Einschaltung eines Einkaufsfactors hat den Vorteil, dass das betroffene Unternehmen (bei bereits ausgeschöpften oder bei beinahe ausgereizten Kreditlinien) seinen Ruf als zügig zahlender Kunde behält oder im Zweifel wiedergewinnt. Es verbessert seine Verhandlungsposition in der Krise. Je nach Refinanzierungskosten und Ausfallrisiko räumen Einkaufsfactoring-Spezialisten bis zu 120 Tage zur Rückzahlung ein. Ein Zeitraum, der dem Unternehmen in der Krise wertvolle Flexibilität bringt. Die Abwicklung und der Zeitpunkt der Rückzahlung an den Einkaufsfactor müssen verhandelt werden. Das gewonnene Zeitfenster kann den Liquiditätsengpass wesentlich reduzieren.

„Time is money", und so ist der Preis für dieses Vorgehen der Verlust des Skontos, was in einer akuten Liquiditätskrise im Zweifel das kleinere Übel für das betroffene Unternehmen darstellt. Selbst wenn die sofortige Zahlung nicht in eine Preisreduktion umgemünzt werden kann, bindet das betroffene Unternehmen keine Mittel. Ein weiterer Vorteil, der nicht zu unterschätzen ist, besteht darin, die Abhängigkeit von den Warenkreditversicherern zu reduzieren. Dabei übernimmt das finanzierende Unternehmen (die Bank, der Einkaufsfactor) das Ausfallrisiko. Der fest planbare Geldzufluss verschafft den Lieferanten des betroffenen Unternehmens Sicherheit. Es fallen keine Aufwendungen für Mahnungen oder Inkasso an. Idealerweise erhält das betroffene Unternehmen seine Geldeinzahlungen aus dem Verkauf der verarbeiteten Ware vor Fälligkeit des Factoring-Finanziers.

Die Dienstleister unterscheiden sich hinsichtlich Krisentoleranz und Factoringumfang: Idealerweise will der Einkaufsfactor auch die Ausgangsrechnungen finanzieren und hat somit eine verbesserte Sicherheitenposition.

Wesentliche Umsetzungsschritte für das Einkaufsfactoring sind:

- Auswahl von geeigneten Factoringanbietern (z.B. Branche, Unternehmensgröße),
- Identifikation von Lieferanten und Berechnung des notwendigen Factoringlimits,
- Rahmenvertrag mit dem Factoring-Finanzier,
- gegebenenfalls Gründung einer Zwischengesellschaft,
- Kontaktaufnahme mit Lieferanten und Umstellung auf Sofort-/Vorkasse gegen Skonto.

Wesentliche Partner in der Liquiditätskrise sind neben den Banken und gegebenenfalls den Einkaufsfactoring-Unternehmen die Kreditversicherungen. Kreditversicherungen bieten Schutz gegen Forderungsausfälle und entschädigen bei Insolvenz eines Abnehmers bzw. auch schon nach Ablauf einer bestimmten Überfälligkeitsfrist der gestellten, unwidersprochenen Rechnungen. Nicht selten haben die Lieferanten des Krisenunternehmens eine Warenkreditversicherung. Viele Unternehmen – insbesondere solche, die einen Forderungsausfall finanziell nur schwer verkraften können – verfügen bei ihrer Kreditversicherung über ein Limit, bis zu dem Forderungen an das betroffene Unternehmen versichert sind. Daher sitzen bei Verhandlungen zur Stundung oder zum Verzicht auf Forderungen nicht selten die Vertreter der Kreditversicherungen mit am Tisch. Oft tritt der Lieferant selbst als Verhandlungspartner in den Hintergrund und delegiert dieses äußerst unangenehme Thema an die Spezialisten seiner Kreditversicherung. Das heißt: Sie haben einen neuen Verhandlungspartner. Kreditversicherer haben hohe Macht im Prozess; über die Ausweitung der Kreditlinie definiert der Warenkreditversicherer den Verhandlungsspielraum des Lieferanten, da dieser in den seltensten Fällen eine ungeschützte Ausweitung seiner „Exposure" zustimmen wird.

Im Allgemeinen sind die Lieferanten, deren Forderungen bei einer Warenkreditversicherung versichert sind, sogar vertraglich verpflichtet, die Kreditversicherung im Falle einer Veränderung der Bonität des Kunden einzuschalten. Daneben sind sie verpflichtet

- Eigentumsvorbehalte auf die gelieferte Ware zu sichern,
- Erhöhungsanträge eines Schuldnerunternehmens zu melden,
- Spezialisten der Versicherung bei Verhandlungen zur Ausweitung von Forderungen einzubinden,
- angedrohte oder durchgeführte Inkassomaßnahmen zu melden.

Die Warenkreditversicherer versichern Lieferungen/Ausgangsrechnungen gegenüber dem Kunden. Eine Warenkreditversicherung zeichnet dabei bis zu einem bestimmten Limit ca. 80 Prozent (in Ausnahmefällen bis zu 90 Prozent) der ausstehenden Forderungen aus Lieferungen und Leistungen und verlangt dafür zwischen 0,1 Prozent bis 0,5 Prozent Jahresprämie zzgl. Versicherungssteuer von den versicherten Forderungsbeständen pro Monat oder vom versicherten Umsatz im Jahr, je nach Bonitätsgüte der zu versichernden Kunden.

Befindet sich das betroffene Unternehmen in einer Bonitäts- oder Liquiditätskrise, so sinken mit großer Wahrscheinlichkeit die Gesamtzeichnungsvolumen der Warenkreditversicherer der Kunden. Dies bedeutet, dass unabhängig von der Bonität des Lieferanten der Versicherungsschutz sinkt.

Dies kann ein Unternehmen in zweifacher Hinsicht beeinflussen: Auf der Vertriebsseite werden möglicherweise Forderungen verkauft (Factoring). Das jeweilige Ankaufvolumen pro Kunde macht der Factoringanbieter abhängig vom Warenkreditversicherungslimit. Für den Einkauf des betroffenen Unternehmens viel wichtiger ist jedoch das Limit, für das die Lieferanten bereit sind, ihn zu beliefern. Wenn z.B. ein Stahllieferant ein Limit von 100.000 Euro von seiner Warenkreditversicherung für das betroffene Unternehmen gezeichnet bekommt, dann wird er bei einer Bestellung in Höhe von 200.000 Euro nur eine Teillieferung vornehmen und den Rest nach Zahlungseingang versenden. Das kann im Extremfall bedeuten: Ein fremder Warenkreditversicherer nimmt maßgeblichen Einfluss auf den Produktionsplan des betroffenen Unternehmens.

Sollte ein Warenkreditversicherer die Bonität eines Unternehmens massiv herabstufen, so kann folgender, extrem unangenehmer Fall eintreten: Alle Hauptlieferanten liefern nur noch Zug um Zug bzw. nur gegen Vorkasse. Dies muss in einer Krise unbedingt vermieden werden. Deshalb sind ein überzeugendes Sanierungskonzept, Transparenz und ständige Kommunikation mit den Lieferanten notwendig. Zugesagte Zahlungen sind in einem solchen Fall zwingend einzuhalten. Nicht alle Lieferanten machen ihre Lieferbereitschaft ausschließlich von den Warenkreditversicherungslimiten abhängig.

Erschwert wird die ganze Situation dadurch, dass ein Warenkreditversicherer generell nicht verpflichtet und im Innenverhältnis zu seinen Versicherungsnehmern – also den potentiellen Lieferanten des betroffenen Unternehmens – auch in der Regel nicht autorisiert ist, bekanntzugeben, in welcher Höhe das Gesamtlimit besteht und welcher Lieferant konkret seine Forderungen bis zu welcher Höhe versichern kann.

Nicht selten haben drei unterschiedliche Lieferanten den selben Warenkreditversicherer. In unserem Beispiel räumt dieser ein Gesamtobligo in Höhe von 500.000 Euro ein für drei Hauptlieferanten der Schalttechnik AG:

Hauptlieferant A: 200.000 Euro
Hauptlieferant B: 150.000 Euro
Hauptlieferant C: 100.000 Euro

Der Einkaufsumfang von weiteren Kleinlieferanten betrage 50.000 Euro.

Die Schalttechnik AG hat Verbindlichkeiten aus Lieferung und Leistungen beim Hauptlieferanten A in Höhe von 100.000 Euro. Nun will sie Ware im Wert von 150.000 Euro bestellen. Hauptlieferant A liefert nur Ware im Wert von 100.000 Euro und wartet auf die Fälligkeit und Zahlung der alten Verbindlichkeiten. Nach Zahlungseingang der 100.000 Euro liefert er die restlichen 50.000 Euro und hat noch Spielraum in Höhe von 50.000 Euro.

Damit hat die Warenkreditversicherung der Lieferanten indirekt die Produktion der Schalttechnik AG gesteuert. Ein Hauptlieferant hat nicht nur die Lieferungen über dem Warenkreditversicherungslimit eingestellt, sondern sogar auch noch seine in Produktion befindliche Ware angerechnet, die er wiederum in für ihn rentablen Losgrößen gefertigt hat. Dies hat dazu geführt, dass ein

Großteil der verfügbaren Liquidität beim Lieferanten verschwunden ist, ohne dass er die volle Gegenleistung erhalten hat.

Es ist je nach Situation zu entscheiden, wann Warenkreditversicherer direkt angesprochen werden sollen. Sind erst einmal die jüngsten (negativen) Quartalszahlen kommuniziert, so kann die bestehende, noch ordentliche Kreditlinie unnötig reduziert werden. Andererseits erfahren die Warenkreditversicherer Zahlungsschwierigkeiten sehr früh, weil sie meist mehrere Lieferanten eines Unternehmens absichern. Leider werden Warenkreditversicherer meist viel zu spät informiert und in die Krisenbewältigung eingebunden. Damit kann ein gewisser Einfluss auf die Reaktion des Versicherers genommen werden.

In einer Verlustsituation und vor Erarbeitung einer nachhaltigen Perspektive zur Ergebnisverbesserung kann ein anderer Weg versucht werden: Der Versicherer wird durch die Bereitstellung zusätzlicher Sicherheiten motiviert, bei wichtigen Lieferanten dennoch die Rückhaftung fortzuschreiben.

Als Sicherheit kann ein vereinbarter Betrag (notarielles Anderkonto) bereitgestellt werden, wenn im Gegenzug dafür die Warenkreditversicherer die Aufrechterhaltung der notwendigen Linien zusichern. Diesen erheblichen Verwaltungsaufwand werden sie jedoch nur in begründeten Ausnahmefällen durchführen. Alternativ wird ein zusätzliches Gesellschafterdarlehen von den Warenkreditversicherern gern gesehen.

Lieferanten, die Abnehmern entgegenkommen wollen, sind oft zu Moratorien und/oder Forderungsverzichten bereit. Warenkreditversicherer sehen dies in der Regel positiv, weil sie sich dadurch besserstellen. Sie müssen nur rechtzeitig in den Prozess mit eingebunden werden, sonst kann im Fall einer Insolvenz der Deckungsschutz rückwirkend wegfallen.

5 Lieferanten/Verträge

Die Top-3-Kennzahlen im Bereich Lieferanten/Verträge sind:

- Zahlungskondition pro Lieferant/Warengruppe
- Anzahl der Überziehungstage nach Rechnungsfälligkeit der Hauptlieferanten (A-Lieferanten)
- Warenkreditversicherungslimit für die Hauptlieferanten

> **Die zehn größten Risiken im Umgang mit Lieferanten/Verträgen in Krisensituationen sind:**
>
> 1. Vertragliche Spielräume zur Zahlungsverweigerung oder -zurückbehaltung sind nicht bekannt und werden nicht genutzt.
> 2. Für die Diskussion eines Moratoriums steht nicht genügend Zeit zur Verfügung, der Zeitplan ist zu anspruchsvoll.
> 3. Bei unkooperativem Vorgehen gegenüber Lieferanten zur Vermeidung von Zahlungen werden künftige Abhängigkeiten nicht gewürdigt.
> 4. Es gibt keine abgestimmte Entscheidungsgrundlage, welche Lieferanten kooperativ bzw. innerhalb vernünftiger Grenzen unkooperativ behandelt werden.
> 5. Bei einem Moratorium werden Banken und Kreditversicherer nicht zeitgleich mit den Lieferanten informiert – wertvolles Vertrauen geht verloren, Kreditlinien werden evtl. gesperrt, und der Lieferant verliert seinen Deckungsschutz.
> 6. In der Vergangenheit wurde das für die Durchsetzung eines Moratoriums notwendige Vertrauen bereits durch ungeschicktes Verhalten gegenüber dem Lieferanten verspielt.
> 7. Die Argumentation zur Erreichung eines Moratoriums wird nicht mit der nötigen juristischen Sorgfalt erstellt.
> 8. Bei den Lieferantenverhandlungen für Stundung oder Verzicht von Forderungen liegt (noch) kein mit Banken und Wirtschaftsprüfern abgestimmtes Sanierungskonzept vor.
> 9. Ungeklärte Altlasten mit den Lieferanten aus der Vergangenheit behindern die Erreichung von Zugeständnissen in Krisensituationen.
> 10. Vereinbarte Stundungen, Verzichte oder Teilzahlungsabreden werden mangelhaft dokumentiert.

Zusammenfassung

In einer Liquiditätskrise sind die Bemühungen des Einkaufs neben der klassischen Kostenreduktion auf die Erhöhung der Liquidität zu fokussieren.

Im einfachsten Fall kann dies durch Verlängerung von Zahlungszielen gelingen. Teilzahlungsabreden, Zinserlasse, Stundungen oder der Verzicht auf Forderungen sind mögliche Mittel, um dem betroffenen Unternehmen finanziell „Luft zu verschaffen". Sind die Lieferanten aufgrund hoher Umsatzanteile von dem betroffenen Unternehmen abhängig oder bestehen langjährige Loyalitätsbeziehungen, wird dies leichter durchzusetzen sein. Juristisch sind diese Maßnahmen auf jeden Fall äußerst komplex und müssen daher zwingend von einem erfahrenen Anwalt betreut werden.

Grundlage ist immer ein belastbarer Sanierungsplan, da sonst die Banken und die Warenkreditversicherer der Lieferanten nicht mitspielen werden. Sind die Möglichkeiten einer einvernehmlichen Einigung ausgeschöpft, steht immer auch noch der Weg eines unkooperativen Vorgehens als Möglichkeit offen. Unkooperative Maßnahmen sind die Verweigerung der Zahlung mit Verweis auf Mängel oder Fehllieferungen, die Verzögerung oder Zurückbehaltung von Zahlungen oder gar die Rückabwicklung des Liefervertrages. Dabei ist es immer hilfreich, wenn Einkaufsverträge Kündigungs- oder Öffnungsklauseln beinhalten. Klagen des Lieferanten gegen das betroffene Unternehmen, eine negative Presse in der Branche und die Gefahr der Insolvenzverschleppung sind gravierende Gründe, nur im äußersten Notfall zu unkooperativen Maßnahmen innerhalb vernünftiger Grenzen zu greifen.

Eine wesentlich elegantere Möglichkeit der Schaffung von Liquidität ist der Rückgriff auf Einkaufsfactoring-Dienstleister. Durch die Einschaltung eines Einkaufsfactors entsteht ein Dreiecksverhältnis Einkaufsfactor–Abnehmer–Lieferant. Der Einkaufsfactor wird Schuldner des Lieferanten. Der Lieferant beliefert nach wie vor das abnehmende Unternehmen, jedoch wird er vom Einkaufsfactor – unter Abzug von Skonto – sofort bezahlt. Das abnehmende Unternehmen zahlt – mit zeitlicher Verzögerung – den vollen Kaufpreis an den Einkaufsfactor. Der Einkaufsfactor übernimmt gleichzeitig das Ausfallrisiko. Was hierbei nicht vergessen werden darf: Lieferantenkredite wie auch

Einkaufsfactoring sind relativ teure Instrumente der Schaffung zusätzlicher Liquidität.

Lieferanten nutzen die Warenkreditversicherung als Absicherung ihrer Lieferung an das betroffene Unternehmen. Für Einkäufer sind das Warenkreditversicherungslimit und das Verhalten der eingeschalteten Warenkreditversicherer der Lieferanten sehr wichtig. Hier entscheidet sich, bis zu welchem Limit seine Lieferanten bereit sind, das einkaufende Unternehmen zu beliefern. Dies kann so weit führen, dass die Warenkreditversicherer der Lieferanten die Produktion des abnehmenden Unternehmens steuern. Daher sind sie unbedingt aktiv in das gesamte Krisenmanagement einzubinden.

6 Kunden und Werkzeugfinanzierung

Die Lenk & Präzision GmbH[1] fertigt spezielle Getriebe für die Rüstungs- und Schwermaschinenindustrie. Diese Getriebe können sehr hohe Drehmomente übertragen und haben dabei eine unerreichte Präzision. Die zwei größten Kunden machen seit Jahren über 80 Prozent des Umsatzes aus. In den vergangenen Jahren sind die Kosten des Unternehmens aus verschiedenen Gründen stark gestiegen, wohingegen die Preise trotz der technologischen Abhängigkeit der Endkunden auf der Absatzseite kaum erhöht werden konnten. Ein verlorener Patentstreit hat das Unternehmen finanziell stark belastet. Durch einen aufgekündigten Bankkredit ist die Lenk & Präzision GmbH nun in Zahlungsschwierigkeiten geraten. Kurzfristig fehlen 4 Mio Euro, um Lohnforderungen, ausstehende Sozialversicherungsbeiträge und Kredittilgungen zu bezahlen. Mit anderen Worten: Der Lenk & Präzisions GmbH droht Insolvenz aufgrund von Zahlungsunfähigkeit. Dies ist für die Hauptkunden der Lenk & Präzision GmbH höchst gefährlich: Die Getriebe sind kurzfristig nicht ersetzbar.

Ist eine hohe Abhängigkeit des Endkunden gegeben, insbesondere bei technologisch und logistisch komplexen oder aufwendigen Beschaffungsumfängen, die sich nicht oder nur schwer von alternativen Lieferanten beschaffen lassen, besteht die Möglichkeit, den Kunden zu gewinnen, bei der Überwindung der Liquiditätskrise mitzuarbeiten. Selbst wenn eine Firma nicht mehr sanierungsfähig ist, kann eine solche Hilfestellung für die Endkunden Sinn machen: entweder als Vorstufe zu einer Übernahme oder zur Überbrückung der Zeitspanne, die für einen Technologie- bzw. einen Lieferantenwechsel notwendig ist. Auch in weniger dramatischen Situationen lassen sich Endkunden zur Kooperation bewegen.

Die Möglichkeiten hierfür sind:

- Der Kunde beschleunigt die Begleichung noch nicht fälliger Forderungen (Verkürzung der Zahlungsziele).

1) Ähnlichkeiten mit existierenden Firmen wären rein zufällig und sind nicht beabsichtigt.

- Hat der Kunde selbst Lieferbeziehungen zu Unterlieferanten, kann seine Marktmacht genutzt werden, um Vorlieferanten zu Zugeständnissen zu bewegen.
- Direktbezug/Vorfinanzierung von Rohmaterialien durch den Kunden: Dieser besorgt bei den Lieferanten das zur Aufrechterhaltung der Produktion notwendige Material und stellt es dem von Insolvenz bedrohten Unternehmen zur Bearbeitung zur Verfügung.
- Der Kunde leistet eine Teil- oder Vorauszahlung an das betroffene Unternehmen oder an dessen Unterlieferanten.
- Im Auftrag des Kunden wird ein Treuhänder für den ordnungsgemäßen Einsatz der Vorfinanzierungsmittel eingeschaltet.
- Der Kunde stellt Bürgschaften für das betroffene Unternehmen.
- Seitens des Kunden erfolgt ein Aussetzen von vereinbarten Preisreduktionen.
- Gemeinsam mit dem Kunden wird kooperiert bei der Suche nach produktbezogenen Einsparungspotentialen.
- Der Kunde kommt dem betroffenen Unternehmen bei seiner Produktionsplanung entgegen, z.B. durch eine Umterminierung von Fertigungsvarianten, damit die verspätete Lieferung keinen Bandstillstand auslöst.

Eine typische Vorgehensweise, der wir immer wieder begegnen, ist die Beistellung von Materialien. Der Endkunde steht nicht selten vor der Wahl, entweder seinem Lieferanten zu helfen oder die eigene Lieferfähigkeit zu gefährden. Dies ist insbesondere der Fall bei Single-Sourcing, synchronisierten Logistikketten (just in time, just in sequence) und technischen Alleinstellungsmerkmalen (Patenten). In der Automobilindustrie ist diese Konstellation sehr oft anzutreffen. Im eigenen Interesse sorgt der Endkunde für die Aufrechterhaltung „seiner" Lieferkette. Oft ist jedoch die Zuordnung von Materialien intransparent und nicht singulär einem Endprodukt zuzurechnen, weil sie auch für andere Kunden verwendet werden, z.B. Kunststoffgranulat oder einfachere Stahlsorten. Hier besteht aus der Sicht des Kunden die Gefahr, dass er durch seine Vorauszahlungen auch die Lieferkette seines Mitbewerbers aufrechterhält – obwohl dieser sich nicht an der Rettungsaktion beteiligt. Oft wird in solch einer Situation zur Koordination mehrerer Endkunden eine neutrale Stelle vom Endkunden initiiert, die den Mittelbedarf vom Unternehmen sammelt und an die Hauptkunden kommuniziert, die Zahlungen kontrolliert und die Ordnungsmäßigkeit der tatsächlichen Lieferungen sicherstellt. Bei größeren Restrukturierungsfällen ist dies oft eine der großen Wirtschaftsprüfungsgesellschaften.

Nach der geplanten Lieferung wird die Vorfinanzierung verrechnet. Eine Wiederholung dieses Verfahrens ist mit erheblichem Kommunikations- und Abstimmungsaufwand verbunden. Es besteht die Gefahr, dass Sublieferanten mit langer Planlieferzeit nicht mehr rechtzeitig liefern können, die Lieferkette bricht zusammen. Entsprechend müssen auch diese Werte in der Planung berücksichtigt und kommuniziert werden.

Bei der Vorfinanzierung entsteht ein Dreiecksverhältnis Lieferant–Unterlieferant–Endkunde:

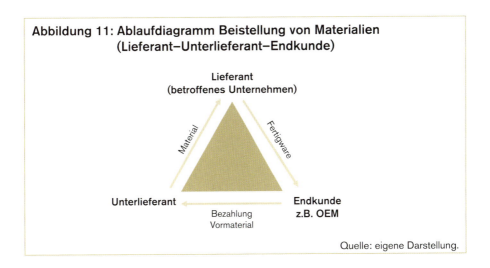

Die rechtliche Position des Endkunden ist – bis zum Eintritt einer Insolvenz – durch bestehende Rahmenverträge häufig recht gut abgesichert. Hierzu zählen Poenalen für einen Bandstillstand oder mögliche Schadensersatzforderungen. Es liegt im Ermessen des Endkunden, einzuschätzen, inwieweit er diese Ansprüche im Falle einer Insolvenz durchsetzen kann.

Der Endkunde des betroffenen Unternehmens kann in die Sicherung/Erhöhung der Liquidität sowohl vor als auch in der Krise wirkungsvoll einbezogen werden. Dies passiert ohnehin oft bei sehr teuren und damit liquiditätsbindenden Werkzeugen, die zur Produktion von Produkten für einen speziellen Kunden erforderlich sind. Der Kunde finanziert dem betroffenen Unternehmen Werkzeuge oder Formen. Dies ist oft für Serienlieferanten ein Projektgeschäft zur Sicherung von zukünftigen Aufträgen. Lange Vorlaufzeiten für die Werkzeugerstellung binden dringend benötigte Liquidität. Auftraggeber wollen oft nach vollständiger Bezahlung Eigentümer des Werkzeugs sein, damit sie ihr Drohpotential erhalten und im Krisenfalle theoretisch das Werkzeug bei einem anderen Lieferanten einsetzen können.

Nicht selten befinden sich Werkzeuge im Eigentum des Auftraggebers und im Besitz des Lieferanten. Daher stellt sich in solchen Fällen die Frage: „Wie erhalte ich Zugriff auf die Werkzeuge, und wohin kann verlagert werden?" In vielen Industrien, insbesondere in der Automobil-, Elektronik- und Maschinenbauindustrie ist der „Kampf" um die Liquidität so intensiv, dass auch die Endkunden nichts zu verschenken haben. Sie werden sich also nur im – für sie – äußersten Notfall zu einer Vorfinanzierung der Werkzeuge bereit erklären.

Die übliche Finanzierung von Werkzeugen erstreckt sich von Vorauszahlungen über Teilzahlungen nach Fertigstellung (1/3 oder 40/40/20), nach Abnahme (100 Prozent nach Freigabe durch die Qualitätssicherung) oder nach Run-at-Rate bis zur Amortisation (pro ausgeliefertes Stück wird innerhalb eines Zeitraumes bei einer vereinbarten Mindestmenge der Werkzeuganteil berechnet). Diese Mittelzuflüsse entsprechen oft nicht der Liquiditätsbelastung im Werkzeuggeschäft. Oft beginnt die Werkzeugerstellung mit der Konstruktion inkl. Simulation (Personalaufwand und/oder externer Dienstleistungsaufwand), darauf folgt als nächster großer Block das benötigte Vormaterial (Materialaufwand), im Anschluss wird das Werkzeug zusammengestellt und getestet. Anschließend wird die Dokumentation erstellt (Personalaufwand). Diese schubweise Liquiditätsbelastung muss möglichst so mit den verhandelten Zahlungszielen synchronisiert werden (Projektmanagement bei mehreren parallelen Werkzeugaufträgen), dass eine geringe Vorfinanzierung durch das Unternehmen erfolgt. Ziel ist es, die Werkzeugerstellung mit möglichst wenigen Eigenmitteln durchzuführen.

Liquidität mit Hilfe der eigenen Kunden kann unter anderem durch folgende Maßnahmen geschaffen werden:

- Vorauszahlung durch den Kunden: Dies ist schwierig darstellbar, da die Baufortschrittsdokumentation aufwendig ist und viele Kunden in den vergangenen Jahren diese Maßnahme aus Gründen der eigenen Liquiditätssicherung eingeschränkt haben.
- Materialbeistellung durch den Endkunden: Dies deckt nur einen Teil der Werkzeugerstellung ab. Personalkosten werden dabei nicht berücksichtigt. Dafür ist die Materialbeistellung jedoch in der Krise schnell umsetzbar.
- Vorfinanzierung durch eine Projektgesellschaft: Aus der Bauindustrie wurde dieses Modell für die Werkzeugfinanzierung übernommen. Eine Projektgesellschaft finanziert das Werkzeug nach Baufortschritt. Nach Fertigstellung verkauft sie das Werkzeug vollständig und erhält im Gegenzug die Zahlung durch den Endkunden. Entscheidende Punkte sind die Bereitstellungszinsen für nicht in Anspruch genommene Finanzierung (wenn der Auftrag an den Wettbewerb vergeben wurde) sowie das Mindestvolumen, damit der Verwaltungsaufwand über die Projektgesellschaft (Bilanzierung etc.) entgolten wird. Hierfür bedarf es im Vorfeld erheblicher Bonitätsprüfungsprozesse, wenn eine solche Projektgesellschaft nicht bereits existiert. Daher bietet sich dieses Vorgehen insbesondere für solche Fälle an, in denen das betroffene Unternehmen immer noch profitabel wirtschaftet, aber Liquiditätsprobleme hat.
- Leasing: Hier wird der Leasinggeber (Finanzier) Eigentümer des Werkzeuges. Er finanziert die Erstellung nach Baufortschritt zeitnah. Das betroffene Unternehmen bezahlt nach geplantem Liefertermin für die Nutzung und kann nach Ablauf der Laufzeit ggf. das Werkzeug vom Leasinggeber erwerben. Entscheidend ist der Auftraggeber/Endkunde. Wenn Produzent und Auftraggeber identisch sind oder der Endkunde von einem Eigentum am Werkzeug absieht, dann kann Leasing angewendet werden. Oft wird dies in der Kunststoffspritzgussindustrie angewendet. Auch hier wird vor

der Leasingfinanzierung eine umfassende Bonitätsprüfung regelmäßig notwendig.

Die wesentlichen Kennzahlen für kundenbezogene Maßnahmen sind:

- Tage bis zum „Abreißen" der Lieferkette pro Kunde
- benötigte Mittel zur Aufrechterhaltung der Produktion bis zum Monatsende
- Summe der gebundenen Mittel durch Werkzeugfinanzierung

Die zehn größten Risiken im Umgang mit Kunden sowie der Werkzeugfinanzierung in Krisensituationen sind:

1. Vorauszahlungen von Kundenzahlungen werden ohne Wissen der Geschäftsleitung/des Sanierungsteams für andere Zwecke/Kunden zweckentfremdet.
2. Das betroffene Unternehmen geht von der fälschlichen Annahme aus, dass der Endkunde sich nicht in die Krisenbewältigung einbinden lässt.
3. Lange Planlieferzeiten der Lieferanten werden bei der Berechnung des Zeitpunkts der Lieferunfähigkeit nicht berücksichtigt.
4. Rentabilitätsgründe werden bei der Beauftragung von Lieferanten gegenüber Liquiditätsbetrachtungen übergewichtet.
5. Der Zeitaufwand bis zur endgültigen Abnahme der Werkzeuge durch den Kunden wird unterschätzt, und zusätzlich wird zu wenig Spielraum bis zum darauffolgenden Zahlungseingang eingerechnet.
6. Der Einkauf nennt unrealistische Liefertermine und kann dann die vom Kunden bereitgestellte Vorfinanzierung nicht einhalten.
7. Vertrieb und Einkauf stimmen ihre Aktivitäten ungenügend ab und verspielen dadurch wertvolle Chancen, den Kunden in die Problemlösung einzubinden.
8. Es werden unklare und widersprüchliche Informationen an den Endkunden gegeben.
9. Werkzeugzahlungen werden für laufende Geschäfte (Serienproduktion) eingesetzt. Damit wird der Fertigstellungstermin des Werkzeugs insbesondere bei Untervergabe gefährdet.
10. Der Kommunikations- und Abstimmungsaufwand wird bei der Variante der kurzfristigen Vorfinanzierung durch den Endkunden unterschätzt.

Der Hauptkunde der Lenk & Präzision GmbH reagiert schnell auf den Wunsch, Unterstützung bei der Überwindung der Liquiditätskrise zu geben. Einen Alternativlieferanten zu qualifizieren wäre für ihn schon allein aus Geheimhaltungsgründen in der Rüstungsindustrie mit sehr viel Aufwand verbunden. Nach einigen Diskussionen und der Vorlage eines überzeugenden Sanierungskonzeptes erklärt sich der Hauptabnehmer der Lenk & Präzision GmbH dazu bereit, die dringend benötigten Getriebe vorzufinanzieren. Er transferiert den Kaufpreis vorab und ermöglicht so der Lenk & Präzision GmbH, das Vormaterial kurzfristig zu beschaffen. Mit der Lieferung verrechnet er die bereits geleistete Vorauszahlung.

Zusammenfassung

Der Endkunde kann insbesondere im Seriengeschäft (bei technologischer Abhängigkeit oder komplexen Lieferketten), aber auch im Kraftwerksbau zum Partner für die Überbrückung von Liquiditätsengpässen werden. Im eigenen Interesse wird der Endkunde sich zur Aufrechterhaltung seiner Lieferfähigkeit etwas Zeit verschaffen. Er kann dies insbesondere durch Verkürzung der Zahlungsziele, Geltendmachung seines Einflusses beim Unterlieferanten, Materialbeistellung, Vorauszahlungen, Treuhänderfunktion, Bürgschaften, Aussetzen von vereinbarten Preisreduktionen, produktbezogene Einsparungspotentiale und Anpassung der Produktionsplanung. Problematisch ist hierbei insbesondere der Kommunikations- und Abstimmungsaufwand. Eine mangelnde Abstimmung von Vertrieb und Einkauf kann die Potentiale, die zur Lösung der Liquiditätskrise im Endkunden stecken, sehr stark behindern.

Disharmonie der Zahlungsflüsse führt zur Vorfinanzierung durch den Lieferanten und macht die Werkzeugerstellung zum „Liquiditätsfresser". Dies kann durch eine Kombination der folgenden Maßnahmen besser gesteuert werden: Vorauszahlung, Materialbeistellung, Untervergabe, Projektgesellschaft und Leasing. Herausforderungen sind hierbei das Thema „Eigentum am Werkzeug" und der Abstimmungsaufwand der sachgerechten Mittelverwendung.

7 Einkaufsorganisation und -prozess

Die Kraftwerksbau KGaA[1] erstellt Komponenten und Komplettanlagen unter anderem für Kohle- und Gaskraftwerke. Seit der Unternehmensgründung im Jahr 1925 ist die grundsätzliche Konzernstrategie auf eine völlige Dezentralität der operativen Einheiten ausgerichtet. Neben den Regionen und den Geschäftsfeldern sind auch die Sparten selbst dezentralisiert. Jede Sparte der Kraftwerksbau KGaA hat dabei volle Gewinn- und Verlustverantwortung. Diese Dezentralisierungsstrategie umfasst neben dem Einkauf auch alle anderen Funktionen.

In Zeiten der Hochkonjunktur wurde auf Anraten einer Unternehmensberatung der Einkauf massiv verstärkt. Die Personalkapazität wurde deutlich aufgestockt, ein sogenannter strategischer Einkauf, eine separate Abteilung für Einkaufscontrolling, und eine Abteilung Lieferantenmanagement wurden eingerichtet. Alle sind dem Einkaufsleiter unterstellt. Als zu Beginn des Jahres 2009 die Hauptkunden einen Investitionsstopp durchführten, verschärfte der Vorstand die Materialeinsparungsziele. Die Konflikte und die Abstimmungsprobleme des Einkaufs mit den dezentralen Einkäufern nahmen ganz erheblich zu. Die strategischen Einkäufer wurden von den Einkäufern in den Werken nur bedingt akzeptiert und hatten Schwierigkeiten, Einsparungspotentiale zu erschließen.

In den vergangenen Jahren haben sehr viele Unternehmen ihre Einkaufsabteilungen sehr stark erweitert. Hintergrund ist die Erkenntnis, dass in der Senkung der Materialkosten ein wesentlicher Hebel zur Steigerung der Profitabilität von Unternehmen liegt. Die Kalkulation von Einkaufsumfängen, die strategische Ausrichtung von Warengruppen, die Anwendung moderner Einkaufstechniken, wie Benchmarking, Linear Performance Pricing, Konzeptanfragen, Globalsourcing, erfordern deutlich mehr Personal als die reine Umwandlung von Bedarfsanfragen in Bestellungen bei einem seit Jahren bekannten Set von Lieferanten. Auch die Einkaufsabteilung muss sich daran

---

1) Ähnlichkeiten mit existierenden Firmen wären rein zufällig und sind nicht beabsichtigt.

messen lassen, wie viele produktive Aufgaben sie erledigt und welchen Mehrwert sie für das (in die Krise geratene) Unternehmen bringt. Zusatzfunktionen, die im Laufe der vergangenen Jahre in Einkaufabteilungen aufgebaut worden sind (Forward Sourcing, Lieferantenentwicklung, Materialkostenschätzung), befinden sich oft im Wettstreit mit ähnlich gelagerten Funktionen in anderen Abteilungen. Dies führt nicht selten zu Abgrenzungsproblemen und Doppelarbeiten mit z.B. der Finanzabteilung, dem Projektmanagement und anderen Bereichen.

Was man gern vergisst: Einkaufsabteilungen sind Gemeinkostenbereiche. Sie verfügen selten über eine klare Zuordnung der gearbeiteten Stunden auf die Kunden. Sinkt die Produktion, sinkt auch das Bestellvolumen und damit meistens ebenfalls die Auslastung der Einkaufsabteilung. Sie passt sich nur schwerfällig an die Auslastung des Unternehmens an, im Gegensatz zur Fertigung und der Montage, wo z.B. mit dem Abbau von Leiharbeitern die Kapazität angepasst wird.

Wenn ein Unternehmen in eine Ertragskrise gerät, wird zunächst einmal geklärt:

- Welche Prozesse sind für den Einkaufserfolg entscheidend?
- Welches sind die Schwierigkeiten, die diese Prozesse langsam oder ineffizient machen?
- Wie können durch Eingriffe wirkungsvolle und kurzfristig spürbare Verbesserungen erzielt werden?

Dabei ist es wichtig, genau zwischen operativen und strategischen Einkaufsprozessen zu differenzieren. Die Kernprozesse des Einkaufs zeigt die nebenstehende Übersicht.

Bei der Quantifizierung der Kernprozesse interessieren uns folgende Fragestellungen:

- Wie viele Wege werden von der Bedarfsanforderung bis zur Auftragsbestätigung durchschritten?
- Wie viele Einkäufer betreuen wie viele Lieferanten?

- Wie viele Einkaufsumfänge werden tatsächlich vom Einkauf beschafft?
- Welche einkaufsbezogenen Aufgaben werden in Nachbarbereichen wie Entwicklung, Qualitätssicherung, Arbeitsvorbereitung, Produktion und Logistik ausgeführt?
- Wie hoch sind die Low-Cost-Country-Einkaufsanteile in den jeweiligen Warengruppen?

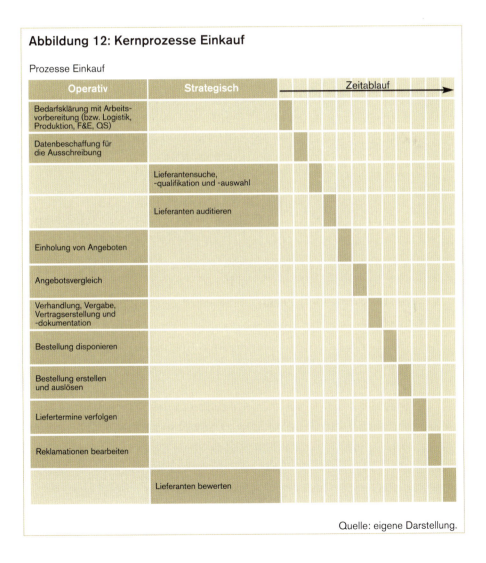

Abbildung 12: Kernprozesse Einkauf

Quelle: eigene Darstellung.

Bei der Kraftwerksbau KGaA zeigte eine einfache Bestandsaufnahme folgendes Bild: Die operativen Kernprozesse des Einkaufs wurden zu einem großen Teil manuell und mit zahlreichen Medienbrüchen abgewickelt.

Abbildung 13: Abwicklungsmethode der Einkaufsprozesse im Einkauf der Kraftwerksbau KGaA[1)]

Quelle: eigene Darstellung.

Damit wird deutlich, dass die operativen Abwicklungsprozesse zu umständlich waren. Unsere Nachforschungen ergaben:

- *Die Entwicklungsabteilung, nicht der Einkauf, legte neue Lieferanten fest. Wenn ein bestimmtes Teil nicht verfügbar war, ordnete der Entwickler kurzerhand die Disposition an. Der Einkauf musste einen neuen Lieferanten ins Bestellsystem aufnehmen. Der Bedarf landete per Bedarfsanforderung (BANF) mit diesem Lieferanten dann auf dem Tisch des Einkäufers.*
- *Einmal angelegte Lieferanten wurden selten wieder beauftragt. Für neu geplante Kraftwerke wurden wieder neue Lieferanten gesucht und festgelegt.*

---

1) Ähnlichkeiten mit existierenden Firmen wären rein zufällig und sind nicht beabsichtigt.

- *Von der Bedarfsanforderung bis zur Bestellung vergingen im Schnitt 25 Tage.*
- *Ein Großteil der Einkaufsumfänge wurde nicht vom Einkauf, sondern von anderen Abteilungen direkt beschafft, insbesondere Konstruktions- und Montagedienstleistungen.*
- *Der Genehmigungsprozess für die Beschaffung von Investmentgütern erfolgte manuell mittels eines Formulars. Dieses wurde oft verzögert weitergegeben oder ging verloren.*

Die Neuanlage von Lieferanten wurde auf Einwirken des Sanierungsteams, zum Teil in mühevoller Kleinarbeit, in den Einkauf und dort zu den Warengruppenverantwortlichen verlegt. Die Genehmigungsprozesse für die Beschaffung von Anschaffungsgütern (z.B. Maschinen, Computer, Büroeinrichtung) wurden mittels einer Zusatzsoftware automatisiert und sämtliche Beschaffungsumfänge, auch die von konstruktionsnahen Dienstleistungen, in den Einkauf verlagert. Dem Maverick Buying – oder Bestellung ohne Freigabe durch den Einkauf – wurde mit ausdrücklicher Unterstützung der Geschäftsleitung der Kampf angesagt.

Das Problem des operativen Einkaufs besteht in vielen Unternehmen darin, dass zu viel Personalkapazität von sehr vielen operativen, kleinen Bestellpositionen gebunden wird. Tüllen, Buchsen, Stecker, Kabel und Kabelkanäle werden einzeln bestellt.

7 Einkaufsorganisation und -prozess

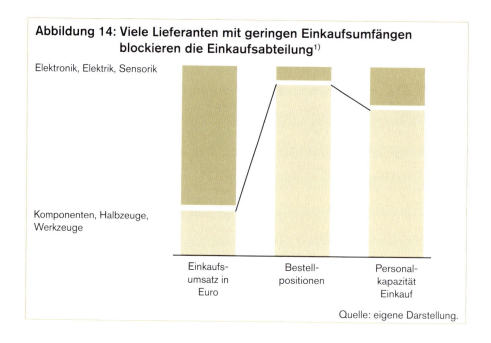

Durch die Bündelung von Kleinteilen bei sogenannten C-Teile-Spezialisten können die aufwendigen Bestellprozesse drastisch eingedämmt werden. Mit diesem Vorgehen werden Kleinteile mittels Rahmenverträgen von den Anbietern bedarfsabhängig abgerufen. Gerade bei C-Teilen übersteigen die Kosten des Beschaffungsvorgangs den Wert des beschafften Artikels. Demzufolge werden die Prozesse verschlankt und die Bestellung auf den Disponenten verlagert. Konkret führt dies innerhalb weniger Wochen zur Einführung eines sogenannten E-Katalogs. Auf einer Onlineplattform werden die großen Büroartikel- und Normalienhersteller gelistet. Viele Anbieter von E-Procurement-Lösungen agieren als Portalanbieter, die ihre Software auch leihweise zur Verfügung stellen. Man sendet dem Portalbetreiber die aktuelle Preisliste zu, die dieser dem betroffenen Unternehmen zuordnet. Im zweiten Schritt werden intern Genehmigungsprozesse definiert: Wer darf wie viel wovon bis zu welchem Preis bestellen? Nun können zum Großteil dieselben Artikel wie bisher bestellt werden, jedoch ist der Einkauf nur noch mit Bestellfreigabe, Klärung bei Lieferterminüberschreitungen und zunehmend seltener mit der Beschaffung nicht katalogisierter Artikel beschäftigt. Als Nebeneffekt können

1) Ähnlichkeiten mit existierenden Firmen wären rein zufällig und sind nicht beabsichtigt.

die Einstandspreise durch Lieferantenbündelung und automatisierte Beschaffung auf Lieferantenseite gesenkt werden. Um aufwendige Lizenzkosten und Einführungskosten zu vermeiden, kann ein solches Vorgehen mit gehosteten Plattformen dargestellt werden.

Im Fallbeispiel fiel uns ein weiteres Problem im Rahmen unserer Interviews mit dem Einkauf und den angrenzenden Bereichen auf: Der Einkauf war zwar vom Projektstart bis zur Auslieferung engstens in alle Aspekte der Projektabwicklung involviert, machte sich aber durch seine zahlreichen Zuständigkeiten etliche Aufgaben – Materialkostenschätzung für die Angebotserstellung, Lieferantenentwicklung, Kapazitätsdisposition bei den Lieferanten mit den Projekten – streitig. So fanden wir heraus, dass Projektabwickler und Einkaufsabteilung mit dem Lieferanten Mengen- und Qualitätsziele verhandelten, zum Teil unabhängig voneinander. Liefertermine, technische Änderungen, Aufpreise für Fehllieferungen, Logistikänderungen, das alles wurde zwei- oder dreimal mit dem Lieferanten abgesprochen, ohne dass die Organisation, die sich an diese Ineffizienz gewöhnt hatte, davon Kenntnis nahm. Im besten Fall gab es keine Widersprüche zwischen den Aktivitäten von Einkauf, Entwicklung und Montage. Eine einfache Tabelle beförderte die Doppelarbeit zutage:

Abbildung 15: Aufgabenüberschneidungen bei der Kraftwerksbau KGaA[1]

Aufgabe	Einkauf	Projekt-abwicklung	Ent-wicklung	Montage	Andere
Kostenschätzung	x		x		
Komplettvergabe	x				
Disposition	x				Logistik
Konzeptanfrage und -vergabe	x		x		
Beschaffungsstrategie	x	x	x	x	
Bestellung	x				
Bestellbestätigung	x				
Beistellungsteilemanagement	x				
Lieferzeit verhandeln und bestimmen	x	x		x	
Verfolgung der Lieferung	x	x		x	
Einkaufskostencontrolling (Budget)	x				Finanzen
Lieferantenentwicklung		x	x	x	
Lieferantenaudit	x	x	x		

Quelle: eigene Darstellung.

Die Folge dieser Analyse war eine heftige Debatte darüber, ob die Terminverfolgung, das Lieferantenmanagement und die Wahl neuer Lieferanten vom Einkauf oder von dem Projektmanagement wahrgenommen werden sollten. Dies ist eine Frage der grundsätzlichen Unternehmensführung und kann nicht pauschal beantwortet werden. Das Sanierungsteam schlug zur Lösung des Problems eine sogenannte RASI-Tabelle vor, die jeden Arbeitsschritt in „Responsibility", „Approval", „Support" und „Information" differenziert. Natürlich sah der Einkaufsleiter die „Responsibility" für die meisten Arbeitsinhalte nach wie vor beim Einkauf. Wir kennen diese Darstellungen von großen Konzernen, doch das Sanierungsteam lehnte ab: So präzise diese tabellarischen Ausarbeitungen auch wirken, sie funktionieren in der Praxis selten. Niemand kann sich für jeden Arbeitsschritt diese filigranen Unterschiede merken. Da kurzfristig der Personalaufwand reduziert werden musste, sollten die Aufgaben entweder auf den Einkauf oder auf das Projektmanagement verlagert werden.

[1] Ähnlichkeiten mit existierenden Firmen wären rein zufällig und sind nicht beabsichtigt.

Die Geschäftsleitung entschied, dass „Lieferantenentwicklung, Termin- und Logistikmanagement der Kaufteile" auf das Projektmanagement übertragen wurden und dem entsprechenden Mitarbeiter im Einkauf gekündigt werden musste: eine herbe Zurücksetzung des Einkaufsleiters, der verständlicherweise die Vorstellung eines umfassenden Supply Chain Managements hatte, letztlich aber einsehen musste, dass das Unternehmen – gemessen am geplanten Jahresumsatz – einen Personalüberhang von 30 Prozent hatte, der abgebaut werden musste.

Sind die neuen Abläufe und Prozesse geklärt, bieten die in Kapitel 3 „Einkaufsumfänge" beschriebenen Lieferantenmanagement (SRM)- und E-Sourcing (eRFx)-Systeme dann die Möglichkeit, die taktischen Methoden und Prozesse an die neue Vorgehensweise anzupassen.

Ferner muss in Bezug auf die Einkaufsorganisation untersucht werden, ob die Beschaffung von „sonstigen" oder „unproduktiven" Umfängen aus den einzelnen Fachabteilungen herausgelöst werden kann. Diese sind dann entweder der Einkaufsabteilung zu unterstellen bzw. konsequent an spezialisierte Einkaufsdienstleister zu verlagern.

Wir stellen in unserer Beratungspraxis immer wieder fest, dass die Fachabteilungen oft direkt – ohne spezielle Einkaufsexpertise – Folgendes einkaufen: Patente und Rechte, Finanzdienstleistungen, Marketingleistungen, Arbeitnehmerüberlassungen, Beratungsleistungen, F&E und Travelmanagement. Dieses Vorgehen ist inakzeptabel. Inhaltlich soll die jeweilige Fachabteilung Vorschläge unterbreiten, die dann in die Einkaufsverhandlungen einfließen. Ein harter Schnitt hier bringt die besten Verbesserungen.

Neben der – mehr von strategischen Aspekten geprägten – Wahl der Einkaufsorganisation geht es im Stadium der Krise zunächst einmal darum, schnell die Kosten der Beschaffung zu vermeiden bzw. zu senken. Daher ist aus Sicht des Sanierungsmanagements die Frage interessant, auf welche Funktionen des Einkaufs kurzfristig verzichtet werden kann und welche Funktionen, bei denen sich Überschneidungen zwischen Einkauf und Nachbardisziplinen ergeben, zusammengelegt werden können. Die Kosten-Nutzen-Relation des

Personalaufwandes im Einkauf im Verhältnis zu den erzielbaren Materialkostensenkungen ist dabei spielentscheidend.

Im täglichen Krisenmanagement geht es auch um die Anpassung von Personalkapazitäten. Denkbare Optionen für die kurzfristige Einsparung von Personalkosten im Einkauf sind:

- Zusammenlegung von Funktionen
  - strategischer und operativer Einkauf
  - Disposition und Einkauf

- Verlagerung von Funktionen in Bereiche, die die Aufgabe mit bestehender Kapazität mit erledigen können
  - Zusammenlegung mit freien Kapazitäten in Nachbarabteilungen
  - Einkaufscontrolling zum Finanzbereich
  - Materialdisposition in die Produktion

- Externe Verlagerung (Outsourcen)
  - Flottenmanagement (z.B. Lkw-Fuhrpark)
  - Travelmanagement
  - unproduktiver Einkauf (z.B. C-Artikel wie Büromaterial)
  - Backoffice (Rechnungsprüfung, Bestellung, Anfrage, Auftragsbestätigung)

- gegebenenfalls temporäre Aussetzung von Funktionen, die langfristig wichtig sind, was jedoch kurzfristig zu einer Einsparung von Einkaufskosten führt, wie z.B.
  - Lieferantenentwicklung
  - Beschaffungsmarketing
  - Innovationsmanagement
  - Supply Chain Management als übergeordnete Funktion
  - IT-Projekte

Ein zweiter Problemkreis im Rahmen der Krisenbewältigung ist die Frage, welche Problemstellungen ("Workstreams") vom Einkauf bearbeitet werden sollten.

Ist die Krise des Unternehmens akut, bleibt zunächst einmal keine Zeit für eine umfangreiche Organisationsanalyse. Reicht zum Beispiel die vorhandene Liquidität nur noch für wenige Wochen, so ist zunächst zu klären, wer welche Aufgaben im Rahmen des Kriseninterventionsteams übernimmt. In dieser Phase der Sanierung gilt das Schlagwort: „Cash is King!"

Typische, einkaufsnahe Problemstellungen im Rahmen der akuten Krisenbewältigung sind in den vorigen Kapiteln diskutiert worden:

- vorausschauende Lagerreduzierung, Bestandsabbau
- Rückgabe/Weiterveräußerung von überschüssigen Roh- und Halbprodukten
- Durchsetzung von Zahlungsaufschüben und Forderungsverzichten bei Lieferanten
- Sale and Leaseback von Anlagegütern
- Verkauf von nicht benötigtem Anlagevermögen (z.B. Grundstücke, alte Maschinen)

Diese Aufgaben können nach unserer Erfahrung vom Einkauf – gegebenenfalls in Kombination mit der Finanzabteilung – durchgeführt werden.

Die wesentlichen Kennzahlen im Einkauf zur Identifikation von organisatorischen Schwächen zur Analyse der Einkaufsabteilung sind:

- Einkaufsvolumen pro Einkäufer = Gesamteinkaufsvolumen/Anzahl Einkäufer, gegebenenfalls geordnet nach Warengruppen
- Bestellpositionen oder erfolgte Bestellungen pro Mitarbeiterstunde (Mitarbeiter Einkauf), gegebenenfalls geordnet nach Warengruppen
- Durchlaufzeit der Bestellanforderungen (Zeitraum von der Bedarfsanforderung bis zur erfolgten Bestellung)
- Lieferanten pro Warengruppe = Anzahl Lieferanten/Anzahl Warengruppen

7 Einkaufsorganisation und -prozess

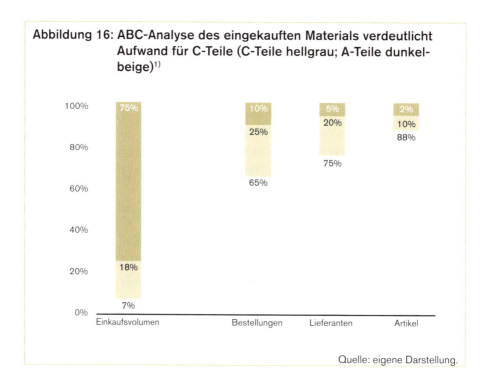

Abbildung 16: ABC-Analyse des eingekauften Materials verdeutlicht Aufwand für C-Teile (C-Teile hellgrau; A-Teile dunkelbeige)[1)]

Quelle: eigene Darstellung.

1) Ähnlichkeiten mit existierenden Firmen wären rein zufällig und sind nicht beabsichtigt.

Die zehn größten Risiken in der Organisation des Einkaufs und dessen Prozesse sind:

1. Einkaufsumfänge werden am Einkauf vorbei beschafft. Hochwertige und umfangreiche Dienstleistungen werden von Entwicklung und Geschäftsleitung direkt beauftragt (wie beispielsweise Engineering, Konstruktion, Beratung).
2. Der Einkauf wird im Unternehmen nur als Bestellabteilung angesehen und von der Entwicklung und Fertigung eigenständig durchgeführt (z.B. Auswahl, Verhandlung).
3. Der Einkauf ist nicht in den Krisenstab eingebunden und fällt demzufolge mit den besten Absichten ungünstige Entscheidungen in Bezug auf die Liquidität.
4. Personalkapazitäten, die nicht zur Aufrechterhaltung der kurzfristigen Lieferfähigkeit beitragen (z.B. für Lieferantenentwicklung und strategischen Einkauf) werden zu zögerlich für die Reduktion des Working Capital bzw. für weitere Liquiditätsmaßnahmen eingesetzt.
5. Im Chaos der Krise koordinieren sich die Teildisziplinen innerhalb der Supply Chain unzureichend und sichern ihre Entscheidungen bei ihren jeweiligen Vorgesetzen ab.
6. Der dezentral organisierte Einkauf kommuniziert keine Informationen über Beschaffungsumfänge und -märkte und hemmt entsprechende Auswertungen/Verhandlungsvorbereitungen.
7. Die Prozesse von der Bedarfsmeldung bis zur Bestellung laufen umständlich und dauern zu lange.
8. Der Einkauf nimmt bei der Umsetzung von Kostensenkungsmaßnahmen keine Treiberrolle ein.
9. Der Einkauf hat keine Treiberrolle bei der Optimierung der materialbezogenen Liquidität.
10. Der Einkauf setzt seine Verhandlungskompetenz nicht ein, um Sale-and-Leaseback-Transaktionen zu unterstützen.

Im Falle der Kraftwerksbau KGaA wurde die Krise durch eine zum Teil schmerzhafte Kürzung der zahlreichen, redundanten Aktivitäten in der Supply Chain, verbunden mit einem deutlichen Abbau der Fixkosten, überwunden. Die Projektverantwortlichen wurden dadurch gestärkt. Aufgrund der sehr unterschiedlichen Geschäftsfelder, in denen die Kraftwerksbau KGaA tätig ist, konnte das Problem in Grenzen gehalten werden, dass verschiedene Projekte die gleichen Lieferanten mit widersprüchlichen Forderungen ansprechen. Der

Personalaufwand im Bereich Einkauf konnte durch Kurzarbeit, Personalabbau und Verlagerungen um knapp 30 Prozent gesenkt werden. Für einen Zeitraum von einem Jahr wurde die Suche nach neuen Lieferanten reduziert. Während dieser Zeit wurde der Fokus auf Kostensenkung bei den etablierten Lieferanten gelegt. Dadurch wurde vermieden, dass sich die Aktivitäten in der Supply Chain zu stark verzetteln.

Zusammenfassung

Aus organisatorischer Sicht sind in einer Unternehmenskrise zwei Fragen im Hinblick auf den Einkauf zu beantworten:

1. Ist die Organisationsform effizient?
2. Auf welche Aufgaben kann der Einkauf im Rahmen der Krisenbewältigung verzichten bzw. welche sollte er zusätzlich übernehmen?

Typische operative Probleme von Einkaufsorganisationen sind zu lange Durchlaufprozesse von der Bedarfsmeldung bis zur Bestellung, unkoordinierte Einkaufsaktivitäten außerhalb der Einkaufsabteilung (sogenanntes Maverick Buying) und Schwierigkeiten in der Abstimmung zwischen zentralen und dezentralen Einkaufsabteilungen.

In Bezug auf die erste Fragestellung (Effizienz der Organisationsform) ist wesentlich, dass die Methodik der Einkaufsentscheidungen an die Organisation des Unternehmens angepasst ist. Dezentral organisierte Unternehmen tun sich nach unserer Erfahrung mit zentralen Einkaufskompetenzen schwer: Es kommt leicht zu Konflikten mit dem Zentraleinkauf, der im Allgemeinen nicht ausreichend in die Geschäftsvorgänge und -notwendigkeiten eingebunden ist. Seine Versuche, Materialumfänge zu bündeln und bei wenigen Lieferanten zu platzieren, werden leicht von den dezentralen Unternehmensbereichen unterlaufen. Hybride Organisationsmodelle, wie das Lead-Buyer-Konzept, haben hier spezifische Vorteile.

In Bezug auf die zweite Fragestellung – auf welche Aufgaben im Rahmen der Krisenbewältigung verzichtet werden kann – muss geklärt werden, ob Aufgaben wie z.B. die Lieferantenentwicklung, das Beschaffungsmarketing, großangelegte Einkaufs-IT-Projekte, Materialkostenschätzungen für Vertriebsprojekte oder Sonderprojekte im Rahmen des Materialkostencontrolling für eine zeitlich limitierte Suspendierung in Frage kommen.

Eventuell frei werdende Kapazitäten, die nicht abgebaut werden, können temporär zur Lagerreduzierung, zur Verhandlung von Zahlungsaufschüben und zur Durchführung von liquiditätsschöpfenden Sale-and-Leaseback-Maßnahmen eingesetzt werden. Dies setzt Flexibilität der Mitarbeiter und besonnenen Durchsetzungswillen der Vorgesetzten voraus.

8 Umsetzungscontrolling und nachhaltige Krisenbewältigung

Die Dreh & Fräs GmbH[1] aus unserem Eingangsbeispiel hat es geschafft. Die Phase des unmittelbaren Liquiditätsengpasses ist überwunden. Da die Kosten an die geringere Kapazität angepasst wurden, sind die wesentlichen Produktlinien wieder profitabel. Die Gesellschafter hatten zusätzliches Kapital eingeschossen, die Banken hatten die Kreditlinien wieder erweitert. Die wesentlichen Hauptlieferanten hatten ihre Preise, auch aufgrund der gesunkenen Rohmaterialpreise, reduziert. Konsignationslager wurden eingerichtet, die Endkunden hatten in der Phase der stärksten Liquiditätskrise wesentliche Beschaffungsumfänge vorfinanziert.

Die deutlich verbesserte Situation verschleiert jedoch einen Umstand. Das temporäre Sanierungsteam hatte einen Großteil der Abstimmungsarbeit geleistet: die Einbindung des Einkaufs in die Cashflow-Planung, die Initiativen mit den wesentlichen Hauptlieferanten, den Lagerabbau, die Verhandlungen mit den Endkunden. Nach Abzug des Sanierungsteams droht die Gesellschaft wieder in die alte Problemlage zurückzufallen.

Folgende Themen sind aus unserer Erfahrung zur Sicherung eines nachhaltigen Sanierungserfolges entscheidend:

- stabile Einkaufsdaten und ein effizientes Einkaufskosten- und Maßnahmencontrolling
- Sicherstellung der Aufmerksamkeit auf die Umsetzung beschlossener Sanierungsmaßnahmen
- effiziente Einkaufsprozesse mit internen Kunden und Lieferanten
- Bereitstellung einer adäquaten Systemunterstützung

Stabile Einkaufsdaten bedeuten, dass historische und zukünftige Einkaufsumsätze pro Warengruppen vorliegen – und zwar auf Teileebene, genauer: auf

---

1) Ähnlichkeiten mit existierenden Firmen wären rein zufällig und sind nicht beabsichtigt.

Ebene des einzelnen Einkaufsumfanges. Im Seriengeschäft, z.B. bei allen in Masse gefertigten Produkten, ist dies oftmals eine Selbstverständlichkeit, obwohl auch hier die Verfolgung von geänderten Teilen (z.B. im Rahmen von Modellpflegen oder „Design to Cost"-Maßnahmen) oftmals problematisch ist. Im Kraftwerksbau mit ständig wechselnden Teilen ist dies eine Herausforderung – häufig sind hier am Jahresanfang die Projekte, die im dritten oder im vierten Jahresquartal Kunden akquirieren, nicht bekannt. Folglich liegen auch noch keine Daten zum Einkaufsvolumen vor, so dass sich mit den Lieferanten keine Maßnahmen zur Kostensenkung oder zu Boni vereinbaren lassen. Oft wird im Krisenfall die eine oder andere „Aufräumarbeit" zurückgestellt. Die Ermittlung und die Zuordnung von Einkaufsvolumina zu Lieferanten, Tochtergesellschaft und Warengruppe sind essentielle Voraussetzungen für die Messung von Einsparungen. Ohne Messung von Einsparungen ist keine saubere Steuerung von Einsparungs- und Liquiditätsmaßnahmen möglich.

Bei der Umsetzung von Maßnahmen zur Erhöhung der Liquidität und zur Senkung von Kosten hat sich bei vielen Firmen eine Auflistung von Ideen für Maßnahmen, geordnet nach sogenannten Härtegraden, etabliert. Entsprechende Methoden werden auch in der Literatur dargestellt. Mit einer Systematik werden Einsparmaßnahmen oder Ideen für Maßnahmen nach dem Grad ihrer Umsetzung gelistet. Dabei werden sogenannte Maßnahmenhärtegrade, gemessen jeweils in Geldeinheiten, wie folgt differenziert:

1. Einsparungsidee
2. Berechnung der Idee in Bezug auf ihre Einsparwirkung
3. Beschluss der Idee
4. Umsetzung der Einsparmaßnahme
5. GuV-Wirksamkeit der Einsparmaßnahme

Der Vorteil derartiger Maßnahmen-Controllingsysteme ist, dass eine Vielzahl von Sanierungsmaßnahmen überwacht und in Bezug auf ihre Umsetzung verfolgt werden kann. Den erforderlichen Nachdruck bekommt ein solches Controllingsystem dann, wenn die beteiligten Umsetzungsverantwortlichen permanent Bericht über den Fortschritt der Maßnahmen erstatten müssen. Idealerweise wird ein derartiges Maßnahmenverfolgungssystem mit einer sogenannten Lenkungsausschussorganisation verknüpft, bei der das Sanie-

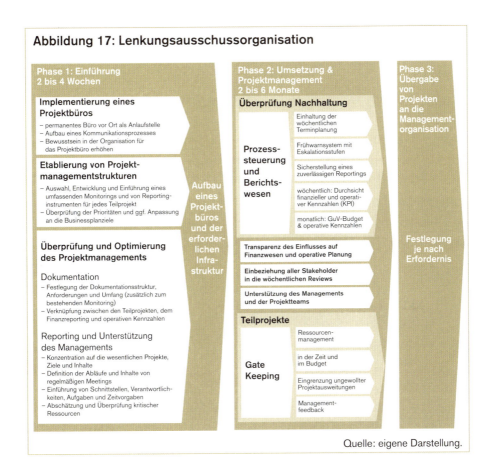

rungsteam und/oder die Geschäftsleitung die Verfolgung und den Fortschritt der Maßnahmen überwachen können.

Die verantwortlichen operativen Leiter aller Sparten oder Abteilungen des Unternehmens müssen einerseits ständig Rechenschaft über den Fortschritt des Sanierungsprojektes ablegen, gleichzeitig haben sie aber im Lenkungsausschuss auch ein Gremium, um politische Rückendeckung für harte oder unpopuläre Entscheidungen zu bekommen.

Obwohl mit diesen Controllingsystemen relativ hoher Aufwand verbunden ist, ist der Nutzen für die Verfolgung der Umsetzung von Sanierungsmaßnahmen ungleich größer. Die in der Datenbank abgebildeten, kalkulatorischen Einsparungen lassen sich selten 1:1 in der GuV nachweisen. Dies hängt damit zusammen dass,

- neben Einsparungen oft einmalige, verteuernde Effekte eintreten;
- Absatz- und Bestandsschwankungen das kalkulatorische Ergebnis verzerren;
- Timing-Effekte, also der Zeitpunkt der Wirksamkeit einer Maßnahme, weder in der Controlling-Datenbank noch in der GuV einwandfrei abgebildet werden können;
- Wechselkurse und Rohmaterialpreisschwankungen das GuV-Ergebnis beeinflussen, was in der Datenbank nicht abgebildet werden konnte.

Dennoch lässt sich mittels GuV-Brücken der Abgleich zwischen Sanierungsmassnahmen und Effekten der in der GuV angekommenen Verbesserungen analysieren.

Große Sanierungsprogramme müssen durch ein gründliches Maßnahmencontrolling gesteuert werden. Dabei werden alle Sanierungsmaßnahmen aufgelistet und strukturiert. Jede Einzelmaßnahme wird hinsichtlich ihrer Wirkung auf die Gewinn-und-Verlust-Rechnung und in Bezug auf ihre Liquiditätswirkung bewertet. Nach unserer Erfahrung muss diese Maßnahmenliste arbeitstäglich gepflegt, ergänzt und gegebenenfalls korrigiert werden. Dies ist typischer Alltag der Sanierungspraxis.

Um anspruchsvolle Sanierungsziele zu erreichen, müssen ständig neue Maßnahmen generiert werden, bestehende Maßnahmen müssen immer wieder auf ihre Realisierbarkeit überprüft werden, Wechselwirkungen zwischen Maßnahmen sind zu berücksichtigen, Doppelzählungen und solche Maßnahmen, die sich gegenseitig ausschließen, sind zu vermeiden.

Die Umsetzungswahrscheinlichkeiten (Härtegrade der Maßnahmen) sind stets mit den jeweiligen Verantwortlichen zu diskutieren. Ganz allgemein unterscheiden wir dabei Beschaffungsumfänge und interne Prozesse. Maßnahmen innerhalb der Beschaffungsumfänge betreffen entweder das Produktivmaterial oder die indirekten Einkaufsumfänge (Projekteinkauf Investitionsgüter und Nicht-Produktionsmaterial).

Insbesondere Maßnahmen, die sich auf die internen Prozesse und die Organisation beziehen, sind mit den Betroffenen, der Personalabteilung und dem Betriebsrat abzustimmen.

Ganz wesentlich bei der Abstimmung von Maßnahmen ist die Abwägung ihrer Wirkung gegenüber der Gewinn-und-Verlust-Rechnung sowie der Liquidität. Dabei kann es in einer Liquiditätskrise – wie schon mehrfach dargestellt – sinnvoll sein, eine temporär ungünstige Auswirkung auf die GuV (Teuerung) in Kauf zu nehmen, um die angespannte Liquidität zu entlasten.

Dies betrifft sowohl Maßnahmen, die aktiv durchgeführt werden, als auch Maßnahmen, die vermieden werden müssen. So sind zur Schonung der Liquidität gegebenenfalls Maßnahmen zurückzustellen, die durch erhebliche Vorfinanzierung erkauft werden müssen, z.B. aufwendiges Redesign.

Bei der Prognose von Maßnahmewirkungen ist kaufmännische Vorsicht mehr als angeraten. Sanierungsmaßnahmen sollten nie ohne Sicherheitsabschlag

Abbildung 18: Beispiel für eine Maßnahmendatenbank Kunststoffteilehersteller[1)]

Maßnahme	Gewinn-und-Verlust-Rechnung in Tsd. Euro		Cashflow in Tsd. Euro	
	2009	2010	2009	2010
1 Reduzierung der Reisekosten	233	687	209	500
2 Preisvergleiche Kunststoffteile	433	297	409	260
3 Neuverhandlung Strom- und Gas-Vertrag	54	279	30	180
4 Nachverhandlung Granulate	54	36	30	0
5 Erhöhung Low-Cost-Country-Anteil Werkzeuge	883	826	859	998
6 Outsourcing einfacher Tätigkeiten	36	22	12	20
7 Komplettvergabe von Fertigungsumfängen	227	348	–17	345
8 Neuausschreibung Facility-Management-Vertrag	32	211	28	200
9 Verbesserung Zahlungsziele im Einkauf	134	–124	110	200
10 …	…	…	…	…

Quelle: eigene Darstellung.

1) Ähnlichkeiten mit existierenden Firmen wären rein zufällig und sind nicht beabsichtigt.

in die GuV- und Liquiditätsplanung aufgenommen werden. Auf den Einkauf bezogen ist in der Abbildung ein tabellarisches Beispiel dargestellt.

Neben den formalen Controllingsystemen sind die Personalressourcen von entscheidender Bedeutung. In Bezug auf den Einkauf bedeuten adäquate Personalressourcen Einkaufsmitarbeiter, die ihre Einkaufsumfänge und die nötigen Prozesse beherrschen. Ein erfahrener Einkäufer

- kennt die Vor-, Zwischen- und Endprodukte des Unternehmens und die relevanten Beschaffungs- bzw. Absatzmärkte;
- hat aufgrund seines bisherigen Werdegangs eine starke Vertrauensposition bei den Engpasslieferanten des Unternehmens;
- kennt das Spektrum möglicher Alternativlieferanten bei allen wesentlichen Beschaffungsumfängen;
- ist belastungsfähig und durchsetzungsstark;
- kann die Bedürfnisse und Forderungen anderer Fachbereiche (Finanzen, Produktion, Vertrieb) intern und extern abwägen und in sein Handeln integrieren;
- ist nicht persönlich aufgrund langjähriger Beziehungen zu Lieferanten befangen;
- erzeugt permanenten Wettbewerb unter „seinen" Lieferanten und bezieht neue interessante Lieferanten in den potentiellen Vergabeprozess mit ein;
- kennt die Werkzeuge des Einkaufs (Vergabeverfahren, Kalkulations- und Vergleichsmethoden etc.);
- kann Mitarbeiter motivieren und Veränderungen im Unternehmen und bei Lieferanten in Gang setzen;
- arbeitet strukturiert, systematisch und treibt die Standardisierung von Prozessen voran.

Effiziente Prozesse bedeuten, dass voraussichtliche Materialbedarfe, Zeichnungsdaten, technische Spezifikationen und Qualitätsanforderungen zum Zeitpunkt der Anfrage vorliegen (digital in mehreren Sprachen). Gerade hier erleben wir immer wieder die größten Prozessprobleme in der Entwicklung und Konstruktion, von denen der Einkauf abhängig ist. Materialumfänge müssen für ein bereits begonnenes (Entwicklungs-)Projekt schnell beschafft werden; Zeichnungsdaten liegen nur in deutscher Sprache vor, obwohl bei chinesischen oder rumänischen Lieferanten „Global Sourcing" betrieben werden soll; Mengenplanungen von Vertrieb und Entwicklung widersprechen sich; und die technischen Spezifikationen „werden nachgereicht". Kein Wunder, dass durch derartig schlechte Prozesse Einkaufsabteilungen zu hektisch agierenden „Bestellabteilungen" degenerieren.

Bestandteil der nachhaltigen Krisenbewältigung ist auch die Sicherstellung der sogenannten Compliance.

Compliance dient der Einhaltung gesetzlicher Regelungen und Berichtspflichten. Dies bedeutet ein klares Bekenntnis zum korruptionsfreien Geschäftsverkehr. Konkret verpflichten sich die Geschäftsleitung, das Sanierungsteam, der Einkauf und alle Beteiligten dazu, korrupte Verhaltensweisen und andere strafbare Handlungen zu unterlassen und alle erforderlichen Maßnahmen zu ihrer Vermeidung zu ergreifen.

Im Sanierungsprozess ist erforderlich, dass sich alle Beteiligten nachdrücklich dazu verpflichten, Vorsorgemaßnahmen gegen Fälle schwerer Verfehlungen zu treffen. Darunter fallen

- Straftaten im Sanierungsprozess, insbesondere Eingehungsbetrug, Geldwäsche, Betrug, Untreue, Urkundenfälschung, Fälschung technischer Aufzeichnungen, Fälschung beweiserheblicher Daten, mittelbare Falschbeurkundung, Urkundenunterdrückung sowie wettbewerbsbeschränkende Absprachen bei Ausschreibungen;
- das Anbieten, Versprechen oder Gewähren von Vorteilen an in- oder ausländische Beamte, Amtsträger oder für den öffentlichen Dienst besonders Verpflichtete, die bei der Vergabe oder Ausführung von Aufträgen mitwirken;
- Das Anbieten, Versprechen oder Gewähren bzw. Fordern, Sich-versprechen-Lassen und Annehmen von Vorteilen gegenüber Geschäftspartnern als Gegenleistung für eine unlautere Bevorzugung im nationalen oder internationalen geschäftlichen Verkehr;
- der Verrat oder das Sich-Verschaffen von Geschäfts- und Betriebsgeheimnissen sowie die unbefugte Verwertung von Vorlagen;

- Verstöße gegen das nationale und europäische Wettbewerbs- und Kartellrecht.

Operativ werden Gegenmaßnahmen durch die Kommunikation und Einigung auf einen Code of Conduct (CoC) umgesetzt. Dieser beinhaltet fundamentale Regelungen (Korruptionsbekämpfung, kartellwidrige Absprachen, Kinder- und Zwangsarbeit, Einhaltung ethischer Grundsätze gegenüber Lieferanten) und allgemeine Ausführungen (Einhaltung von Menschenrechten, Umwelt- und Gesundheitsschutz, faire Arbeitsbedingungen). Weitverbreitet und zur schnellen Einführung geeignet ist eine Vorlage des Bundesverbands Materialwirtschaft, Einkauf und Logistik e.V. (BME).

Compliance hilft, Lieferantenbeziehungen abzusichern und ein Rahmenwerk für die Arbeitsbedingungen in der Produktion zu etablieren. Darüber hinaus hilft sie, Risiken zu senken (Haftungsrisiko des Auftraggebers; Reputationsgefahr bei unethischem Verhalten), und sorgt für günstigere Preise (Eindämmung von Maverick Buying, d.h. Einkauf ohne formalen Bestellprozess; Bündeln und Standardisieren elektronischer Prozesse). Revisionssichere Abläufe und eine geordnete Dokumentation tragen zu einer besseren Steuerbarkeit, Kontrolle und Transparenz gerade in Krisensituationen bei. Das Sanierungsteam übt hier eine Vorbildfunktion aus.

Die Dreh & Fräs GmbH hat ordentlich zu kämpfen. Einige der Hauptlieferanten sind schwer verärgert. „So sind wir noch nie behandelt worden", wird oft geklagt. Nach und nach schaffen es die Einkäufer samt Unterstützung durch die Geschäftsleitung, die Hauptlieferanten wieder für sich zu gewinnen. Dreh & Fräs nutzt die Gespräche auch zum Austausch über Frühwarnsysteme und Indikatoren, um zu verhindern, das eine solche Liquiditätskrise wieder eintritt.

Ein weiterer notwendiger Schritt zur Optimierung der Prozesse ist schmerzhaft und aufwendig. Es geht um die Zurückgewinnung von Vertrauen beim Lieferanten. Trotz aller technischer Systeme sind ein „Mitdenken" des Lieferanten sowie eine Zusammenarbeit, die über das rein kaufmännische Tagesgeschäft hinausgeht, notwendig, um Transaktionskosten zu senken. Noch deutlicher: über die klassische Lieferantenentwicklung hinaus (Preferred Supplier, strategischer Supplier, Supplier-Integration) wird eine Unterstützung durch den Lieferanten angestrebt, jenseits des Formalismus (z.B. Vertragstext).

Nach Bewältigung der Liquiditätskrise muss aufgeräumt werden. Einige Vorfälle will der Einkäufer am liebsten rückgängig machen: Enttäuschungen; Zusagen, die – manchmal bereits im Voraus bekannt – nicht eingehalten werden konnten; Verpflichtungen, die gebrochen wurden (z.B. Abkündigung von Dispomengen); Ware, die nicht bezahlt wurde; Einsatz unkooperativer Maßnahmen.

Vertrauen entsteht durch Wiederholung und Bestätigung von Handlungen, die die Lieferanten erwarten: Einhaltung von Abnahmezusagen, pünktliche Bezahlung von Waren, Begründung von Reklamationen und Einhaltung von vertraglichen Zusagen, ganz gleich, ob diese Zusagen mündlich oder schriftlich erfolgt sind. So hat im Laufe der Jahre ein Lieferant auch unter widrigen Umständen gezeigt, dass er Absprachen einhält und zusätzlichen Aufwand betreibt, wenn es erforderlich ist. Auf diese Weise ist eine gemeinsame Geschichte entstanden. Diese Verbindung hat vieles ermöglicht, vielleicht auch die Überwindung der Liquiditätskrise. Bevor wir in einer Krise im Sinne der oben aufgezeigten Optionen handeln, ist uns die diesbezügliche Einschätzung „unserer" Lieferanten sehr wichtig.

Will man auch zukünftig mit den Hauptlieferanten zusammenarbeiten, dann kann versucht werden, an einer Bruchstelle wieder neu anzufangen. Durch behutsames Zugehen auf den Lieferanten, offene Kommunikation, persönliche Gespräche und Besuche kann der Lieferant umworben werden. Unterstützung durch die Geschäftsleitung zur symbolischen Verdeutlichung der Ernsthaftigkeit der Anstrengungen ist angeraten. Selbstverständlich dürfen weitere Enttäuschungen besser nicht mehr vorkommen: Zahlungen sind peinlichst genau auszuführen, geschlossene Vereinbarungen höchst sorgfältig zu handhaben.

Wesentliche Indikatoren für das Umsetzungscontrolling sind:

- Anteil der erledigten Maßnahmen in Prozent von allen definierten Maßnahmen in Euro
- realisierte Effekte (Cashflow und GuV) in Prozent der geplanten Effekte in Euro
- Anzahl der „roten" (Verspätung) Teilprojekte von allen aktiven Teilprojekten

---

Die zehn größten Risiken im Umsetzungscontrolling sind:

1. Die im Sanierungsmanagement eingebundenen Abteilungen verlassen sich zu stark auf den temporär eingesetzten Sanierungsspezialisten oder das Sanierungsteam.
2. Der Einkauf kann sich bei seinen Vergabeentscheidungen ohne die Unterstützung des Sanierungsteams nicht gegen die Dominanz der Entwicklung und der Konstruktion behaupten.
3. Die Prozesse der Lager- und Bestellmengenplanung werden nicht dauerhaft optimiert.
4. Es werden keine oder zu wenig Maßnahmen eingeleitet, um verlorengegangenes Vertrauen bei den Lieferanten wieder aufzubauen.
5. Im Einkauf wird kein ausgewählter Mitarbeiter dauerhaft für die Abstimmung mit der Finanzplanung designiert.
6. Liquiditätsoptimierende Maßnahmen, z.B. Verlängerung von Zahlungszielen, Verkürzung von Losgrößen, die zu höheren Kosten führen, bleiben dauerhaft bestehen.
7. Nach der Überwindung der Krise brechen wieder alte Konflikte zwischen zentralen und dezentralen Einkaufszuständigkeiten auf.
8. Das Follow-up von beschlossenen Maßnahmen zu Effizienzverbesserungen ist mangelhaft.
9. Lücken in Einkaufsverträgen, die die Handlungsspielräume in der Krise eingeengt haben (mangelhafte Öffnungsklauseln, Kündigungsrechte etc. werden bei neuen Verträgen wiederholt.-
10. Sanierungsmaßnahmen (Stundungen, Teilzahlungsabreden, Zahlungszielveränderungen etc.) werden nicht ausreichend dokumentiert.

Zusammenfassung

Die Vielzahl der parallel angegangenen Maßnahmen im Einkauf muss nachverfolgt werden. Ohne ein hartnäckiges und konsequentes Nachhalten der Maßnahmen können die Umsetzung und damit die Abwendung der Liquiditätskrise nicht gelingen. Wichtig ist insbesondere, rechtzeitig zu erkennen, ob die jeweilige Maßnahme mit dem geplanten Liquiditäts- und Ergebniseffekt eintritt oder ob entsprechende Gegenmaßnahmen zur Überbrückung getroffen werden müssen.

Sinnvollerweise wird das Maßnahmencontrolling in eine Lenkungsausschussorganisation eingebettet. Dadurch können Abweichungen abgeschätzt und entsprechende Entscheidungen rechtzeitig getroffen werden.

Auf die Einkäufer kommen bei der Einbindung zur Abwehr einer Liquiditätskrise erhebliche Herausforderungen zu. Einkäufer müssen insbesondere systematisch und strukturiert vorgehen und Transparenz schaffen.

Um kritische Kern-Lieferanten zurückzugewinnen, sollte der Einkauf nach Überwindung der Liquiditätskrise Kommunikationsmaßnahmen starten und so das verlorengegangene Vertrauen wiederherstellen.

Bei Vermeidung der aufgezeigten Risiken und Fehler sollte es dem Einkauf mit etwas Glück gelingen, die Produktion aufrechtzuerhalten, die Liquidität zu sichern, die Finanzierungsstruktur zu verbessern und die Profitabilität zu steigern.

I Danksagung

Wir bedanken uns bei

- RA Christian Kühn; RA Kroll & Partner
- Bernhard Soltmann; Allocation Network
- Diethelm Cordes; Euler Hermes Kreditversicherungs AG
- Frank Deiss; Daimler AG
- Roland Schwoegler; Heraeus Holding GmbH
- Rebecca Baker, Walter Bickel, Franz-Josef Reuter; Alvarez & Marsal

II Abbildungsverzeichnis

- Abb. 1: Krisenverlauf in Unternehmen
- Abb. 2: Ablaufdiagramm 13-Wochen-Finanzplanung
- Abb. 3: Varianzanalyse des Liquiditätsplans I
- Abb. 4: Varianzanalyse des Liquiditätsplans II
- Abb. 5: Sanierungsbeitrag des Einkaufs bei der Cashflow-Optimierung
- Abb. 6: Vergleich von Preisen ähnlicher Zukaufteile anhand von Leistungskriterien
- Abb. 7: Nachverhandlungsoptionen ohne juristische Argumentation in Abhängigkeit von den Machtverhältnissen zwischen Anbieter und Nachfrager
- Abb. 8: Strukturierung der Handlungsoptionen
- Abb. 9: Veränderung von Lagerbeständen zur Absenkung des gebundenen Kapitals in Krisensituationen
- Abb. 10: Zusammenhang Einkaufsfactoring
- Abb. 11: Ablaufdiagramm Beistellung von Materialien (Lieferant–Unterlieferant–Endkunde)
- Abb. 12: Kernprozesse Einkauf
- Abb. 13: Abwicklungsmethode der Einkaufsprozesse im Einkauf der Kraftwerksbau KGaA
- Abb. 14: Viele Lieferanten mit geringen Einkaufsumfängen blockieren die Einkaufsabteilung
- Abb. 15: Aufgabenüberschneidungen bei der Kraftwerksbau KGaA
- Abb. 16: ABC-Analyse des eingekauften Materials verdeutlicht Aufwand für C-Teile
- Abb. 17: Lenkungsausschussorganisation
- Abb. 18: Beispiel für eine Maßnahmendatenbank Kunststoffteilehersteller

III Abkürzungsverzeichnis

Abb.	Abbildung
Abs.	Absatz
AG	Aktiengesellschaft
AGB	Allgemeine Geschäftsbedingungen
AG	Aktiengesellschaft
Anm.	Anmerkung
BANF	Bedarfsanforderung
BGB	Bürgerliches Gesetzbuch
BGH	Bundesgerichtshof
BME	Bundesverband Materialwirtschaft, Einkauf und Logistik e.V.
BRD	Bundesrepublik Deutschland
BWA	betriebswirtschaftliche Auswertungen
bzw.	beziehungsweise
CAD	Computer Aided Design
CCC	Cash Conversion Cycle
CF	Cashflow
CFFC	Cashflow-Forecast
CoC	Code of Conduct
d.h.	das heißt
DIO	Days Inventory Outstanding
DPO	Days Payable Outstanding
DSO	Days Sales Outstanding
DV	Datenverarbeitung
eRF(x)	Electronic Request for x (offer, quotation, …)
ERP	Enterprise Resource Planning
etc.	et cetera
F&E	Forschung und Entwicklung
FC	Forecast
gem.	gemäß
ggf.	gegebenenfalls
GuV	Gewinn-und-Verlust-Rechnung
i.H.v.	in Höhe von
IDW	Institut der Wirtschaftprüfer

inkl.	inklusive
InsO	Insolvenzordnung
JIT	Just in time
Kap.	Kapitel
KGaA	Kommanditgesellschaft auf Aktien
KG	Kommanditgesellschaft
LL	Lieferung und Leistung
lt.	laut
Mio	Millionen
NWC	Net Working Capital
o.ä.	oder ähnlich
p.a.	per annum
PC	Personalcomputer
PPV	Purchase Price Variance
s.o.	siehe oben
s.u.	siehe unten
SAP	Software Anwendungen Produkte
SCM	Supply Chain Management
SRM	Supplier Relationship Management
TCO	Total Cost of Ownership
u.a.	unter anderem
usw.	und so weiter
vgl.	vergleiche
VK	Verkaufs-
vs.	versus
WC	Working Capital
z.B.	zum Beispiel
zzgl.	zuzüglich

IV Literatur

Buth & Hermanns (2009), Restrukturierung Sanierung Insolvenz, 3. Auflage, Verlag Beck, München 2009

BME (2008), BME-Verhaltensrichtlinie – Code of Conduct, Bundesverband Materialwirtschaft, Einkauf und Logistik e. V., Frankfurt 2008

Crone, A., Werner, H (2007), Handbuch modernes Sanierungsmanagement, Verlag Vahlen, München 2007

Destatis (2010), Unternehmen und Arbeitsstätten – Insolvenzverfahren, Fachserie 2 Reihe 4.1, Statistisches Bundesamt Wiesbaden 2010

Deutsche Bundesbank (2009), Hochgerechnete Angaben aus Jahresabschlüssen deutscher Unternehmen von 1997 bis 2007 – Statistische Sonderveröffentlichung 5, Deutsche Bundesbank, Frankfurt a.M. 2009

Euler Hermes (2006), Ursachen von Insolvenzen – Gründe für Unternehmensinsolvenzen aus der Sicht von Insolvenzverwaltern, in: Wirtschaft konkret Nr. 414, Euler Hermes Kreditversicherungs-AG, Hamburg 2006

Faulhaber, Peter, Grabow, Hans-Joachim, Turnaround-Management in der Praxis : Umbruchphasen nutzen – neue Stärken entwickeln 4. aktualisierte und erweiterte Auflage, Campus-Verlag, Frankfurt a. M., New York, 2009

Gabath, Christoph Walter, Risiko- und Krisenmanagement im Einkauf: Methoden zur aktiven Kostensenkung, Verlag Gabler, Wiesbaden 2010

Harting, D. (2005), Vorrats- und Bestandsmanagement schlank und modern, in: BA Beschaffung aktuell, Heft 6, Konradin Verlag Kohlhammer, Stuttgart 2005, S. 26

Hess, H. (2010), Sanierungshandbuch, Luchterhand, Köln 2010

Institut der Wirtschaftsprüfer (2009), IDW Verlautbarungen zur Sanierung und Insolvenz, Düsseldorf 2009

Kraljic, P. (1985), Versorgungsmanagement statt Einkauf, in: Harvard Manager, 1, 1985

Moldenhauer, R., Krystek, U. (2007), Handbuch Krisen- und Restrukturierungsmanagement, Verlag Kohlhammer, Stuttgart 2007

Monczka R. et al. (2005), Purchasing and Supply Chain Management, 3. Auflage, Mason 2005

Müller, R. (1986), Krisenmanagement in der Unternehmung: Vorgehen, Maßnahmen und Organisation, 2. Auflage, Verlag Peter Lang, Frankfurt 1986

Newman, R., Krehbiel, T. (2007), Linear Performance Pricing: A collaborative tool for focused supply cost reduction, in: Journal of Purchasing and Supply Management 13, Verlag Elsevier 2007

Rozemeijer, F., van Weele, A. (2000), Creating Corporate Advantage in Purchasing, Eindhoven 2000

Ruesen, T. (2008), Krisen und Krisenmanagement in Familienunternehmen: Schwachstellen erkennen, Lösungen erarbeiten, Existenzbedrohung meistern, Verlag Gabler, Wiesbaden 2008

Seefelder, G. (2007), Unternehmenssanierung, 2. Aufl., Verlag Schäffer-Poeschel, Stuttgart 2007

Stolle, M. et al. (2006), Beschaffung, in: Abele, E., Kluge, J., Näher, U. (Hrsg.): Handbuch Globale Produktion, München 2006, S. 324–349

VDI-Handbuch Materialfluss und Fördertechnik, Band 8 (2004), Logistikkennzahlen für die Beschaffung, VDI-Gesellschaft Produktion und Logistik, Düsseldorf 2004

V Beispiele

Alle Ähnlichkeiten mit existierenden Firmen wären rein zufällig und sind nicht beabsichtigt:

Kapitel 1   Dreh & Fräs GmbH
Kapitel 2   Wunderweich Chemie GmbH
Kapitel 3   Air Cuisine AG
Kapitel 4   Extrahart GmbH
Kapitel 5   Schalttechnik AG
Kapitel 6   Lenk & Präzision GmbH
Kapitel 7   Kraftwerksbau KGaA
Kapitel 8   Dreh & Fräs GmbH

VI Autoren

Dipl.-Kfm. Christoph Seyfarth,

Senior Director von Alvarez & Marsal (Deutschland) GmbH, besitzt über 17 Jahre Erfahrung in der Finanz- und Unternehmensplanung, in der Personalentwicklung sowie im operativen und strategischen Einkaufsmanagement. Er konzentrierte sich hierbei auf Post-Merger-Integration-Mangagement, Kostensenkungsprojekte und die strategische Neuausrichtung von komplexen Einkaufsorganisationen sowie auf Sanierungen im Bereich Supply Chain. Herr Seyfarth war in deutschen, britischen und in nordamerikanischen Konzernen der Öl- & Gas-, Maschinenbau- und Automobilindustrie in Asien, den USA, Europa und Südafrika tätig. Er verfügt über Erfahrung in Groß- sowie in mittelständischen Unternehmen. Er war als Prokurist und als Geschäftsführer in den Bereichen Finance, Human Resources und Einkauf engagiert. Derzeit ist Herr Seyfarth interimistisch Leiter Einkauf eines großen deutschen Maschinenbaukonzerns.

Christoph Seyfarth hat Betriebswirtschaft an den Universitäten Stuttgart-Hohenheim und Köln studiert sowie Fortbildungen an der INSEAD, Frankreich, und an der Kellog School, Chicago, absolviert.

Kontakt: cseyfarth@alvarezandmarsal.com

Dipl.-Oec. Cornelius Mauch,

Senior Associate bei Alvarez & Marsal, blickt auf mehr als zwölf Jahre Berufserfahrung zurück, einschließlich operativer Management- und Führungserfahrung. Er verfügt über vertiefte Kenntnisse zur Verbesserung der Unternehmensleistung. Als Manager war er in vielen unterschiedlichen Unternehmensfunktionen und an internationalen Standorten insbesondere in Europa, Indien, Lateinamerika beschäftigt. Darüber hinaus war er Mitglied der Geschäftsleitung eines metallverarbeitenden Automobilzulieferers. In diesen Tätigkeiten sammelte Herr Mauch Branchenerfahrung in den Bereichen Automobilzulieferindustrie, elektrische Komponenten, Feinchemie, Solarindustrie sowie Wasserver- und -entsorgung. Schwerpunkt war stets Working Capital Management (SCM, Einkauf).

Herr Mauch erhielt sein Diplom der Wirtschaftswissenschaften an der Universität Witten/Herdecke. Vor seinem Studium absolvierte er eine zweijährige Banklehre und qualifizierte sich auch zum Finanzassistenten. Herr Mauch ist Controller nach IHK und Mitglied des Bundesverbands für Restrukturierung, Sanierung, Insolvenz (BRSI).

Kontakt: cmmauch@alvarezandmarsal.com

VII Stichwortverzeichnis

Anfechtung	34, **55**
Angebotsmacht	14, **47**
Beistellung	**92**, 85
Bestellobligo	15, **27f.**, 31, 34, 37f
Cash Conversion Cycle	35
Claim Management	57
Code of Conduct	122
Compliance	121f.
C-Teile-Spezialisten	104
Days Inventory Outstanding	35
Days Payable Outstanding	35
Days Sales Outstanding	35
Doppelarbeiten	100
Drohende Zahlungsunfähigkeit	16
Drohpotential	**52f.**, 60, 94
Durchschnittsverbrauch	63, 66
Einkaufsfactoring	**80ff.**, 88f.
Entfallen des Zahlungsgrundes	56f.
Finanzplanung	21, **23f.**, 26, 37
Forderungsverzichte	**79**, 88, 109
Forecast-to-Fulfill	36
Forward Sourcing	100
Gestaltungspotential	23
Gründe für Abweichungen	34
Härtegrade	116, 118

Kernprozesse	**100**, 102
Kooperatives Verhalten	52
Kreditversicherung	34, **83ff.**, 89
Krisenursache	**13**, 17
Krisenverschärfende Situationen	14
Lageranalyse	64
Lagerbestandsreduktion	69
Lenkungsausschuss	**116f.**, 126
Lieferabrufe	65
Lieferbereitschaft	85
Linear Performance Pricing	**45**, 59, 99
Liquiditätsengpass	78, 82, 115
Liquiditätskrise	12, **16ff.**, 24, 43, 63f., 75, 80ff., 88, 91, 97, 115, 119, 123, 125ff.
Liquiditätslücke	34
Liquiditätsplan	19, **23ff.**, 31, 33, 38f., 119
Make-to-Order-Artikel	69
Make-to-Stock-Artikel	69
Maßnahmenterminplan	25
Materialkosten	16f., 23, 28, 44, 99
Maverick Buying	15, **103**, 122
Meldebestand	64, 66
Mindestbestand	66
Moratorium	76ff.
Nachbardisziplinen	107
Nachfragemacht	**47ff.**
Nachkalkulation	45
Nachverhandeln	43, 47, **53**, 60
Net Working Capital	35, **62**
Neuausschreibung	**49**, 59
Normstrategien	48

Offene Bestellungen	27
Öffnungsklauseln	52, **54**, 88
Order-to-Cash	36
Planungsgenauigkeit	31, 33
Problemstellungen	108f
Projektgeschäft	94
Projektgesellschaft	95, 97
Purchase Price Variance	58
Purchase-to-Pay	36f
Rahmenverträge	28, 39, 65, **93**, 104
Rückabwicklung	34, **55**, 88
Rückhaftung	86
Struktur und Fristigkeit der Zahlungsausgänge	26
Teilzahlungsabreden	**76f.**, 88
Treiberrolle	24
Überschuldung	15ff.
Umsetzungswahrscheinlichkeiten	118
Verlängerung des Zahlungsziels	60, **76**
Vertrauen	19, 73, 120, 123, 126
Vertriebsplanung	29, 31, 39, 67
Warenkreditversicherung	34, **83ff.**
Werkzeuge	94f., 97, 121
Working Capital	**35**, 37, 61f.
Zahlungsläufe	76
Zahlungsunfähigkeit	15ff., 76, **80**, 91
Zeichnungsdaten	121
Zielkostenbestimmung	44
Zurückbehaltungsrecht	56